Wolfgang Opel

KANADA
ATLANTIK-PROVINZEN

60 TIPPS ABSEITS der ausgetretenen PFADE

360° medien

IMPRESSUM
KANADA – Atlantik-Provinzen
60 Tipps abseits der ausgetretenen Pfade
Wolfgang Opel

Nachtigallenweg 1 | 40822 Mettmann
www.360grad-medien.de

Redaktion und Lektorat: Christine Walter

Satz und Layout: Serpil Sevim-Haase | Lucas Walter

Gedruckt und gebunden:
Lensing Druck GmbH & Co. KG | Feldbachacker 16 | 44149 Dortmund
www.lensing-druck.de

Bildnachweis, Hinweis für die Leser: siehe Seite 272

ISBN: 978-3-96855-004-6
Hergestellt in Deutschland

www.360grad-medien.de

Wolfgang Opel

KANADA
ATLANTIK-PROVINZEN

60 TIPPS ABSEITS der ausgetretenen PFADE

360° medien

VORWORT

Der maritime Osten Kanadas, oder Atlantic Canada, wie man im Lande sagt, ist für viele Europäer noch ein unbeschriebenes Blatt. Dabei ist er nicht weniger schön als der Westen Kanadas, eben nur ganz anders.

Er besteht aus den drei kleinsten Provinzen: Nova Scotia, New Brunswick, Prince Edward Island, die in Kanada „Maritimes" genannt werden, dazu kommt ganz im Osten Newfoundland & Labrador. Sie alle liegen am Atlantischen Ozean bzw. am Sankt-Lorenz-Golf, der riesigen Bucht am Atlantik, und sind somit maritim geprägt. Ihre Namen künden von der Besiedlung durch Franzosen, Briten und Deutsche seit dem 16. Jahrhundert, jedoch ist auch dieser Teil des heutigen Kanadas schon seit Tausenden von Jahren von indigenen Völkern bewohnt.

Leuchttürme, Fischerdörfer, Strände, aber auch zahlreiche Seen, schlammige Gezeitenflüsse, glasklare Flüsse und Bäche, ausgedehnte Wälder, Bergketten und speziell in Labrador die Torngat Mountains, das Gebirge mit den höchsten Bergen im Osten des kanadischen Festlandes, prägen die Landschaften der maritimen Provinzen.

Die Kultur der Region ist von den First Nations, den Inuit in Labrador, von Akadiern, französischen, britischen, aber auch von deutschsprachigen Immigranten geprägt. Je nach Region lassen sich die verschiedenartigen Ursprünge noch in der Alltagskultur, den Traditionen und der jeweiligen lokalen Küche nachweisen. Fisch und Seafood werden aber überall geschätzt, ob zu Hause in den Familien oder in den Restaurants. Für viele Regionen sind Lobster (Hummer) fast ein Aushängeschild für frische und lokale Küche.

Die Liste der schönen und interessanten Reiseziele in den Atlantikprovinzen ist lang, und es ist unmöglich, die Region in einem einzelnen Buch gebührend zu würdigen. Autor und Verlag haben deshalb 60 besuchenswerte Reiseziele ausgesucht, die alle – mehr oder weniger – abseits der „ausgetretenen Pfade" liegen. Sie werden hier entlang einer möglichen Rundfahrt durch die Maritimes beschrieben, die in Halifax beginnt und durch Nova Scotia, New Brunswick, Prince Edward Island und nach einem Abstecher nach Newfoundland & Labrador wieder zurück nach Nova Scotia führt. Diese Route ist als Anregung und Vorschlag gedacht, kann aber natürlich gemäß der jeweiligen Interessen, Vorlieben und der verfügbaren Zeit variiert werden. Auch die Auswahl des Fahrzeuges und ob man allein, zu zweit oder mit Kindern unterwegs ist, wird einen Einfluss auf die Reiseroute haben. Insofern kann das Buch nur Empfehlungen und Hinweise auf Sehenswertes geben, aber die eigene Vorbereitung auf die Reise nicht ersetzen.

Rötlicher Sandstrand auf Prince Edward Island

Da die Bay of Fundy und das Minas Basin von den höchsten Gezeiten der Welt geprägt sind, ist speziell für die dortigen Reiseziele die Berücksichtigung der Gezeitentabelle unabdingbar. Man findet genaue Voraussagen für die jeweilige Region unter *waterlevels.gc.ca/eng/find/region/5*.

Bei der Auswahl waren über 20 Jahre eigene Reiseerfahrungen und Tipps von Freunden (spezieller Dank an Annette!) hilfreich. Gewidmet ist auch dieses Buch meiner ständigen Begleiterin auf allen unseren gemeinsamen Reisen.

Ich wünsche allen Neugierigen und den an den atlantischen Provinzen Kanadas Interessierten tolle und nachhaltige Erlebnisse bei der Vor- und Nachbereitung der Reise und besonders natürlich unterwegs – abseits der ausgetretenen Pfade!

Wolfgang Opel

INHALTSVERZEICHNIS

KANADA
Northwest Territories
Nunavut
Yukon
Yellowknife
Whitehorse
Iqaluit
Hudson Bay
British Columbia
Alberta
Saskatchewan
Manitoba
Québec
Newfoundland & Labrador
Edmonton
Ontario
1 New Brunswick
2 Prince Edward Island
3 Nova Scotia
Victoria
Regina
Winnipeg
St. John's
Québec
Charlottetown
Ottawa
Fredericton
USA
Halifax
Toronto
Atlantic Ocean

Labradorsee
Happy Valley-Goose Bay
4
KANADA
QUÉBEC
Sept-Îles
Sankt-Lorenz-Golf
Matane
Gaspé
Corner Brook
NEWFOUNDLAND & LABRADOR
1
2
3
5
NEW BRUNSWICK
PEI
Charlottetown
Sydney
Cabotstraße
St John's
Saint Pierre
Fredericton
Saint John
Atlantischer Ozean
USA
Halifax
NOVA SCOTIA
KAPITEL
1. NOVA SCOTIA I
2. NEW BRUNSWICK
3. PRINCE EDWARD ISLAND
4. NEWFOUNDLAND & LABRADOR
5. NOVA SCOTIA II

Nova Scotia I – Von Halifax zur Fähre in Digby

Margaretsville

Nova Scotia I

1. Windsor: Geburtsort des Hockeys?
2. Sandstein vom Meer geformt: North Medford Beach
3. Baxters Harbour und die Black Hole Falls
4. Leuchtturm in Schwarz-Weiß: Margaretsville an der Bay of Fundy
5. Bohaker Trail: Wanderung durch den Küstenwald

NEW BRUNSWICK
Chignecto Bay
Minas Basin
3
2
1
4
Fundybucht
Kingston
5
Bridgetown
Halifax
Digby
NOVA SCOTIA
Bridgewater
Lunenburg
Liverpool
Yarmouth
Lockeport
Atlantischer Ozean

1. Windsor: Geburtsort des Hockeys?

Kanada ohne Hockey ist kaum vorstellbar. Im Hockey Heritage Museum in Windsor kann man erfahren, wie das (vielleicht) begann; dazu gibt es interessante und kuriose Ausstellungsstücke.

Windsor als eine der ältesten Städte in Nova Scotia ist geschichtsträchtig und deutlich sehenswerter, als man beim Vorbeifahren vermuten würde. Das Hockey-Museum ist im Haliburton House Provincial Museum beheimatet, das sich in einem sehr schönen, nach englischem Vorbild angelegten Landschaftspark befindet. Auf den ehemaligen Besitzer dieses Landsitzes, Thomas Chandler

Haliburton House Provincial Museum

Haliburton, geht der Anspruch Windsors zurück, der Geburtsort des modernen Eishockeys zu sein. Haliburton war ein bekannter Jurist, Unternehmer und Schriftsteller, der 1796 in Windsor geboren wurde. Seit 1789 befand sich hier die weithin bekannte University of King's College – die erste Universität in Britisch-Kanada – an der auch der junge Haliburton Jura studierte. In seinen Erinnerungen beschrieb er später, wie die Studenten das irische Spiel Hurley, eine Art Feldhockey, spielten; nämlich nicht, wie in Irland, auf einer Rasenfläche, sondern auf dem zugefrorenen Long Pond, einem See auf dem Gelände des Colleges. Die University of King's College wurde nach einem Brand 1920 nach Halifax verlegt, wo sie auch heute noch jeweils 1200 Studierende ausbildet.

Schon am Eingang der großen Villa weist ein Aufsteller mit einem Hockey-Spieler in historischer Kluft darauf hin, dass man hier neben dem Wohnsitz von Thomas Chandler Haliburton auch das Hockey-Museum besichtigen kann. Auf dem roten Trikot des Sportlers ist ein weißes „W" zu sehen, das wohl für Windsor steht. Man sollte sich unbedingt beide Ausstellungen ansehen, denn das Haliburton House Museum bietet interessante Einblicke in das Alltagsleben von „bessergestellten" Kanadiern im 19. Jahrhundert. Die Ausstellung zum Thema Hockey – die Kanadier benutzen nicht wie wir den Begriff „Eishockey" – befindet sich im westlichen Teil des Hauses und ähnelt etwas den zuweilen vollgestopften kleinen Museen, wie man sie oft in Nova Scotia findet. Über drei Etagen ist in gut gefüllten Ausstellungsräumen fast alles zu sehen, was man von einem Eishockey-Museum erwarten würde: Schläger, Schlittschuhe, Pucks, Sportbekleidung, Fotos der bekanntesten Spieler wie zum Beispiel Wayne Gretzky und Tim Horton, und vieles mehr. Gewürdigt wird auch der Anteil der Mi'kmaq an der Entwicklung des Sports. Dank ihrer

Erfahrungen beim Bau von Kanus wussten sie Holz so zu bearbeiten, dass sie sowohl die Schläger wie auch hölzerne Schlittschuhe beisteuerten, die dann für besseres Gleiten auf dem Eis mit Stahlkufen versehen wurden.

Laut Thomas H. Raddall, einem bekannten Historiker, verbreitete sich das Hockeyspiel von Windsor aus durch Soldaten, die entlang des Sankt-Lorenz-Stroms und an den Großen Seen ihren Dienst taten. So kommt es wohl, dass auch andere Orte in Kanada für sich reklamieren, der Geburtsort des Hockeys zu sein: Québec City, Montréal, Kingston und auch Ottawa.

Gut gefüllte Ausstellungsräume

Helden des Hockeys

INFO

Lage: Etwa 70 Kilometer nordwestlich von Halifax, am Mündungstrichter des Avon River in das Minas Basin

Anfahrt: Von Halifax am schnellsten auf Highway 101; alternativ: Teilstrecken auf Route 1

Unterkünfte:

- zahlreiche B&B und Hotels in der Stadt

Camping: Land of Evangeline bei Grand Pre, *evangelinecampground.wordpress.com*

2. Sandstein vom Meer geformt: North Medford Beach

Der Strand von North Medford gehört zu den schönsten Abschnitten des Minas Basin. Der Zugang zu den durch Erosion geformten, bizarren Sandsteinfelsen mit ihren Bögen und Fenstern gelingt allerdings nur bei Ebbe.

North Medford ist ein abseits gelegenes Küstendorf mit Farmen und Ferienhäusern, das man schnell mit dem Auto durchfährt, falls man nichts von den Felsgebilden am Strand gehört hat. Im Minas Basin, einer Seitenbucht der Bay of Fundy, sind mit über 16 Metern

Bizarre Felsformation Paddy's Island

die höchsten Gezeitenunterschiede der Welt zu beobachten. Bei Ebbe kann man stellenweise hundert Meter hinaus laufen, doch sollte man die Gezeitenwechsel genau recherchiert haben und auf die Flut achten – hier kommt kein rettender Pferdekutscher wie an der Nordsee, wenn man von der zurückkehrenden Flut überrascht wird!

Die Küste besteht hauptsächlich aus einem rötlichen Sandstein, der von Schichten aus Konglomerat durchzogen ist. An einigen Stellen gibt es härtere Gesteine wie Basalt, das der Erosion natürlich besser widersteht. Dort, wo die Sandsteinufer der Erosion stärker ausgesetzt sind, verändert sich die Küstenlinie ständig. Das ist am

Strand von North Medford besonders gut zu beobachten. Man kann sich leicht vorstellen, wie sich an einer schmalen Stelle im Sandstein zunächst ein kleines Loch bildet, das dann durch das hindurchströmende Wasser immer weiter vergrößert wird – bis daraus ein mehr als mannshohes Felsentor wird. Im Laufe der Zeit wird der obere Bogen dann immer dünner, bis er irgendwann herabstürzt und die Wellen sich weiter an den Felsrümpfen abarbeiten.

Ein geeigneter Abstieg zum Strand geht durch ein Bachbett, das über einen Feldweg am Ende der North Medford Road erreichbar ist. Nach etwa hundert Metern auf dem Feldweg zweigt ein Pfad nach rechts ab und führt durch Gestrüpp zum Bach. In dem steinernen, stellenweise glitschigen Bachbett steigt man vorsichtig hinab bis zum Strand. Wo der Meeresboden nicht aus Fels besteht, ist er feucht und sandig, manchmal auch schlammig. Man sollte unbedingt knöchelhohe Wanderschuhe tragen!

Gleich rechter Hand erblickt man beeindruckende Felsformationen: Hier war die Natur als Bildhauer tätig. Neben sogenannten Brandungspfeilern mit imposanten Formen stand bis März 2020 eine Felsformation mit zwei Bögen, an der sich die Wirkung der Erosion durch die Gezeiten gut erkennen ließ. Spaziert man in dieser Richtung um den Felsvorsprung herum, öffnet sich eine weitere Bucht mit einem langen Strand vor bizarren Ausformungen und Halbhöhlen im Sandstein. Am Ende der nächsten Bucht steht wieder ein Felsbogen, dessen oberer Teil schon sehr dünn ist und der wohl irgendwann einstürzen wird. Links unten ist aber schon ein neues kleines Fenster entstanden, das sich im Laufe der Jahre sicher zu einem Felsentor vergrößern wird.

Die stellenweise tief ausgehöhlte Steininsel links vom Bach heißt Paddy's Island und war vor Jahrzehnten noch von Bäumen bestanden. Heute erinnern nur noch Grasbüschel daran, dass es früher einmal eine größere, bewachsene Insel war. Für Naturliebhaber, Fotografen und Maler bietet der gesamte North Medford Beach einen unbegrenzten Reichtum an Motiven – zwischen Ebbe und Flut, zwischen Sonnenauf- und -untergang oder auch davor und danach.

Im März 2020 stürzten diese Bögen ein!

INFO

Lage: North Medford liegt ca. 50 Kilometer nordwestlich von Windsor am Minas Basin.

Anfahrt: Vom Highway 101 auf Route 358, nach ca. 14 Kilometern rechts auf die Bessie North Road, immer weiter geradeaus der North Medford Road bis zu deren Ende in North Medford folgen.

Unterkünfte:

- The Farmhouse Inn B&B im nahegelegenen Canning, *farmhouseinn.ca*
- weitere B&B und Hotels in und um Wolfville

Camping: Blomidon Provincial Park, Canning, *parks.novascotia.ca/content/blomidon*

3. Baxters Harbour und die Black Hole Falls

Wasserfälle, Felsen und erodierte Basaltsäulen machen einen Besuch im abgelegenen Baxters Harbour an der Bay of Fundy lohnenswert. In der Nähe lockt eine kleine Wanderung zu den Black Hole Falls.

Einer der vielen sehenswerten Orte an der Küste der Bay of Fundy ist Baxters Harbour mit seinem Wasserfall inmitten des Ortes. Das frühere Fischerdorf beherbergt heute hauptsächlich Sommergäste. Von der früheren Kaianlage sind nur noch Reste erhalten, stattdessen gibt es dort jetzt einen Picknickplatz, der einen schönen Blick über den ehemaligen Hafen ermöglicht. Bei Ebbe kann man wunderbar zwischen den gegenüberliegenden Basaltfelsen herumstreifen, obwohl der steinige, teils mit Tang bewachsene Meeresboden glitschig sein kann. Dazu muss man einen kleinen Bach übersteigen oder durchwaten, der bei Ebbe bis ins Meer fließt. Bei

Nur bei Ebbe zu sehen

Flut wird er von den in die Bucht hineinströmenden Wassermassen der Bay of Fundy überspült und allmählich unsichtbar. Die stark verwitterten Basaltsäulen hinter dem Bach stammen von vulkanischen Aktivitäten und sind über 200 Millionen Jahre alt.

Einsame Kiefer

Im Inneren der kleinen Hafenbucht befindet sich ein schöner Wasserfall, der sich besonders nach der Schneeschmelze oder nach starkem Regen weitfächernd über die Felsen stürzt. In kalten Wintern kann er sogar gefroren sein, was dann auch Eiskletterer anzieht. In trockenen Sommern sieht er mangels Wasser weniger attraktiv aus. Während der Flut kann man sich dem Wasserfall auch mit Booten oder Kajaks nähern sowie auch zwischen den Felsengruppen hindurchfahren, was allerdings Geschick und ausreichende Vorsicht voraussetzt, will man dort nicht stranden.

Wasserfall im Naturhafen von Baxters Harbour

Etwas außerhalb von Baxters Harbour gibt es noch einen weiteren Wasserfall, der allerdings mehr Anstrengung erfordert, um ihn zu entdecken. Man folgt dazu der Old Baxter Mill Road zwei Kilometer nach Osten, bis sie nach rechts abbiegt. In der Kurve, wo man sein Auto am Straßenrand parken kann, beginnt ein

Die Flut strömt in den Hafen.

überwachsener Waldweg, von dem nach 200 Metern ein nicht leicht erkennbarer Pfad nach links (Norden) abbiegt. Folgt man diesem durch dichter werdendes Buschwerk, erreicht man einen Steilabhang über einer reizvollen schmalen Bucht mit dem Namen Black Hole. Leider ist die Aussicht wegen des dichten Bewuchs etwas eingeschränkt. Wendet man sich hier nach rechts, erreicht man nach wenigen Metern einen Aussichtspunkt fast auf Augenhöhe mit den Black Hole Falls, die sich dort eindrucksvoll über mehrere Stufen 18 Meter in die schmale Bucht stürzen. Bei all diesen Aktivitäten ist jedoch äußerste Vorsicht geboten, denn keine der Aussichten ist gesichert, die Hänge sind sehr steil und der Pfad ist nicht gekennzeichnet!

Wildnisbucht Black Hole

Wer nicht genug gesehen hat, kann sich, nachdem er den Waldweg wieder erreicht hat, auf diesem nach links wenden. Der Weg – die alte Bigelow Cove Road – besteht hier aus aufgeschütteten groben Steinen. Bei einer Gabelung hält man sich links und erreicht hier den Bach oberhalb der Wasserfälle in einer reizvollen felsigen Schlucht. Es gibt Gerüchte über einen Piratenschatz an dieser Stelle. Aufgrund von durch Felsmalerei ergänzten Formen auf der Felsoberfläche entsteht der Eindruck, dass man beim Beobachten des fließenden Wassers selbst beobachtet wird – vielleicht kommt daher der Spitzname dieser Wasserfälle: „Haunted Falls"? Wie auch immer, es ist eine schöne kleine Wanderung.

Black Hole Falls

INFO

Lage: Baxters Harbour liegt etwa 15 Kilometer entfernt von Canning an der Bay of Fundy.

Anfahrt: Von Canning auf Route 221 nach Westen bis Sheffield Mills, dann über Black Hole Road/Gospel Woods Road/Baxters Harbour Road nach Norden.

Unterkünfte:

- Delft House B&B in Centreville, *delfthaus.com*
- weitere Unterkünfte in New Minas

Camping: Sherwood Forest Camping in Coldbrook, Route 1, *sherwoodforestcampingpark.com*

4. Leuchtturm in Schwarz-Weiss: Margaretsville an der Bay of Fundy

Es soll 187 Leuchttürme in Nova Scotia geben. Die meisten davon sind weiß, manchmal mit roten Streifen und oft mit einem roten Leuchtturmkopf verziert, der auch als Laterne bezeichnet wird. Schwarz-weiße Leuchttürme sind dagegen sehr selten.

Ungewöhnliche Farbgebung

Der Leuchtturm am Hafen von Margaretsville wurde schon 1859 errichtet, als der Schiffsverkehr in der Bucht zwischen Nova Scotia und New Brunswick stark zunahm. Er ist damit einer der ältesten an der Bay of Fundy – und noch immer in Betrieb. Der Leuchtturm

Hummerfallen

in seinem ungewöhnlichen Schwarz-Weiß-Kostüm steht etwas erhöht neben dem kleinen Hafen, der bei Ebbe trocken fällt. Der Meeresboden in der in Richtung Osten angrenzenden Bucht The Saddle ist dann zwar von Steinen und Felsen übersät und kaum zum Baden geeignet, was aber nicht heißt, dass man dort nicht spazieren gehen und nach „Schätzen" suchen kann. Ein Stück hinter dem nächsten Landvorsprung ergießt sich ein drei Meter hoher Wasserfall in die Bay of Fundy. Im Frühjahr oder nach Niederschlägen sprudelt er stärker, und besonders schön sieht er im Winter im gefrorenen Zustand aus.

Wie in vielen Fischereihäfen an der kanadischen Atlantikküste ist auch in Margaretsville bedeutend weniger Betrieb als früher. Dafür hat der Tourismus zugenommen, sodass viele der alten Fischerhäuser nun als Ferienunterkunft oder Sommersitz genutzt werden.

Das bedeutet aber nicht, dass der Ort zur Schlafstadt mutiert ist, auch wenn es zurzeit keinen Laden mehr gibt und man zum Einkauf einige Kilometer fahren muss. Am Hafen lädt in der Sommersaison The Artist's Circle, eine Kunstgalerie in einem alten Fischerschuppen, Interessierte zum Besuch ein. Hier werden Bilder und Objekte von lokalen Künstlern und auch maritime Antiquitäten angeboten. Die ehemalige Kirche im drei Kilometer weiter östlich gelegenen

Kunstkaten

East Margaretsville erhielt in den letzten Jahren einen modernen Anbau und bietet nun als „Evergreen Theatre" Konzerte bekannter Musiker und Darbietungen reisender Theatergruppen an, dies auch außerhalb der Feriensaison.

Ansicht von Margaretsville von 1967

Der markante schwarz-weiße Leuchtturm von Margaretsville soll übrigens 1967 einer kanadischen 5-Cent-Briefmarke als Hintergrund für Queen Elizabeth gedient haben. Wer aber doch lieber die „klassischen" Leuchttürme in Rot-Weiß bevorzugt, fährt einfach zwölf Kilometer nach Westen weiter ins benachbarte Port George, denn da gibt es einen mit roter Tür und rotem Geländer!

INFO

Lage: Margaretsville liegt ca. 60 Kilometer westlich von Wolfville direkt an der Küste der Bay of Fundy.

Anfahrt: Vom Osten (Canning) über Route 221 (oder schneller über den parallelen Highway 101 bis Exit 17/North Kingston); wo die 221 an einer Stopp-Straße scharf nach Süden abbiegt, wendet man sich nach Norden auf die Stronach Mountain Road und gelangt über East Margaretsville nach Margaretsville.

Aktivitäten: Evergreen Theatre, *evergreentheatre.ca*

Unterkünfte:

- By the Dock of the Bay Cottages, Margaretsville, *cottagesnovascotia.com*
- Motels in Middleton

Camping: Vidito Family Campground & Cottages, Route 1 bei Middleton, *viditocamp.com*

5. Bohaker Trail: Wanderung durch den Küstenwald

Der Bohaker Trail ist der schönere Teil des Delaps Cove Wilderness Trail-Systems und führt durch Mischwald zur Küste der Bay of Fundy. Höhepunkt ist der Wasserfall des Bohaker's Brook, der sich in einer Schlucht vor dem Meer zwölf Meter in die Tiefe stürzt.

Delaps Cove liegt abgelegen im Westen von North Mountain, dem Gebirgszug, der die raue Bay of Fundy vom Annapolis Valley trennt und damit dessen mildes Klima ermöglicht, in dem Äpfel, Pfirsiche

Entlang der Bay of Fundy

und selbst Wein angebaut werden. Vor mehr als 180 Jahren lebten hier Black Loyalists, ehemalige schwarze Sklaven aus den USA, die infolge des Unabhängigkeitskrieges in die britischen Kolonien geflüchtet waren. Von ihren Ansiedlungen sind nur noch vereinzelte Steinmauern und überwachsene Fundamente übrig geblieben.

Der Bohaker Trail ist ein 2,2 Kilometer langer, bei trockenem Wetter einfach zu laufender Rundwanderweg. Der Name ist dem

Bohaker's Brook entlehnt, der stellenweise turbulent durch den Küstenwald fließt und nach einem der frühen Siedler benannt ist. Der Trail läuft zunächst parallel zur Old Shore Road, bevor er sich zum Rundwanderweg verzweigt. Vormittags folgt man besser der angegebenen Richtung, die auf kurzem Weg durch den Wald zur Küste führt. Auf Tafeln wird über die hier vorherrschende Flora wie Astern, Kanadischer Hartriegel, verschiedene Farne und auch die Mayflower, Nova Scotias offizielle Provinzblume, informiert. Der Uferbereich selbst ist unbewaldet, und man hat mit der Sonne im Rücken einen schönen Blick über die steil abfallende felsige Küste. Der Weg führt durch hohes Gras zur Schlucht des Bohaker's Brook. Von einem freien Platz aus, an dem auch eine Bank steht, sieht man direkt auf den Wasserfall gegenüber, der sich hier zwölf Meter tief in die Schlucht ergießt, bevor er ins Meer fließt.

Mündung und ...

... Wasserfall des Bohaker's Brook

Geht man dagegen an der Wegkreuzung entgegen der angezeigten Richtung, gelangt man unter hohen Bäumen zur Schlucht des Baches, der in Richtung Meer abbiegt. Feuchte Stellen sind mit Bohlenwegen überbrückt, und Holzstufen erleichtern den Abstieg in die Schlucht. Der Pfad führt über Holzbrücken und entlang des Bachbetts zu einer Plattform, die direkt über dem Wasserfall errichtet wurde. Die Aussicht kann bei reichlichem Wasserfluss beeindruckend sein, ist aber in trockenen Sommern oder

Einträge ins Gästebuch sind willkommen.

im Herbst bei Niedrigwasser weniger imposant; wegen des geringen Abstandes fehlt das Gefühl für die Höhe des Falls.

Folgt man dem Pfad hier noch etwas weiter zur Küste, kommt man zu Meier Point. Hier steht ein Gedenkstein mit einem Gedicht des irischen Dichters Gerard Manley Hopkins, dem Ehepaar Meier, offenbar Naturfreunden, gewidmet. Von hier hat man einen schönen Blick hinab auf die von steilen Klippen eingerahmte Mündung des Baches, in der Treibholz und die Überreste eines Bootsmotors liegen.

Auf einer Holzbrücke gelangt man über die Schlucht und zur oben erwähnten Bank, von der man den schönsten Blick auf den Wasserfall hat. Auf dem Rückweg sollte man sich unbedingt in das Gästebuch eintragen, denn der Zuspruch der Wanderer ist wichtig, damit die zum Erhalt der Wege benötigten Mittel bereitgestellt werden.

INFO

Lage: Delaps Cove liegt 20 Kilometer entfernt von Annapolis Royal an der Bay of Fundy.

Anfahrt: In Granville Ferry (bei Annapolis) von Route 1 nach Norden in die Parker Mountain Road bis Parkers Cove, von dort auf der Shore Road zehn Kilometer nach Südwesten. Den ausgeschilderten Ausgangspunkt des Bohaker Trail erreicht man an der Old Shore Road.

Unterkünfte:

- Bailey House B&B, Annapolis Royal, *baileyhouse.ca*
- weitere Inns in Annapolis Royal

Camping: Fundy Trail Camping & Cottages, Delapse Cove, *fundytrail.com*

Hinweis: Knapp drei Kilometer weiter liegt an der Old Shore Road Charlie's Trail, ein zwei Kilometer langer Rundwanderweg. Beide Wege zu laufen erfordert ca. vier Stunden.

New Brunswick – Von Saint John zur Confederation Bridge

Am Leuchtturm von Quaco Head

New Brunswick

6. Versteckte Strände bei Quaco Head
7. Abstieg zu beeindruckenden Stränden: Melvin Beach und Pangburn Beach
8. Seely Beach Trail
9. Walton Glen Gorge: Vom Gletscher geformt
10. Black Beach: der etwas andere Strand von Lorneville
11. Grand Manan Island
12. Campobello Island: ganz im Südwesten von New Brunswick
13. Auf dem Maliseet Trail zu den Hays Falls
14. Mit gemischten Gefühlen ins Woodmen's Museum
15. Doaktown: ein Dorf mit zwei Museen und zwei berühmten Brücken
16. Metepenagiag Heritage Park: eine alte Siedlung der Mi'kmaq
17. Pabineau Falls
18. Der „Sentier Magique de Sculptures“: nicht nur für Kinder lustig
19. Bei den Akadiern auf Île Miscou
20. Île-aux-foins Park in Neguac: nicht nur Vögel …
21. Osprey Trail: Wandern im Kouchibouguac National Park
22. Einsamer Strand am Cap-Lumière
23. Die Düne von Bouctouche
24. Cape Maringouin: wirklich abseits aller Touristenziele
25. Fort Beauséjour oder Fort Cumberland: Franzosen und Briten im Streit

QUÉBEC
KANADA
NEW BRUNSWICK
Sankt-
Lorenz-Golf
Fredericton
Saint
John
USA
MAINE
Annapolis Royal
Digby
NOVA SCOTIA
Lunenburg
Fundybucht
6
7
8
9
10
11
12
13
14
15
16
17
18
19
20
21
22
23
24
25

6. Versteckte Strände bei Quaco Head

Unweit des stark besuchten Strandes von St. Martins mit seinen berühmten Brandungshöhlen gibt es zwei etwas versteckte Strände, die ähnlich sehenswert, aber weit weniger frequentiert sind.

Wer auf dem Weg nach St. Martins auf der Straße 111 den Abzweig nach West Quaco passiert, kann vorn am Meer bei Ebbe am westlichen Strandende einen einzelnen vor der Küste aufragenden Felsen sehen, der von Bäumen gekrönt ist. Er erinnert an die berühmten Flower Pots von Hopewell Rocks.

Nördlich von Quaco Head

Der Zugang zu diesem Strand ist jedoch nicht einfach zu finden: Der direkte Versuch endet im Schlick des Marschlandes dahinter, ohne dass man an den Strand selbst gelangt, bietet aber besonders bei schönem Spätnachmittagslicht zumindest einen angenehmen Spaziergang. Die einzige Zufahrt, die nicht in Privatgrundstücken endet, ist über die West Quaco Road in Richtung Süden zu erreichen. Linker Hand zwischen den Grundstücken bei der Einfahrt zu Nr. 137 beginnt eine unbenannte Piste, die allerdings rau und nur für robustere Pkw geeignet ist. Über Stock und Stein und immer wieder tieferen Schlaglöchern ausweichend gelangt man nach gut 400 Metern zu einem freien Platz zwischen Salzmarsch und Strand, wo man das Auto abstellen kann. Hier führt ein kurzer Pfad an den Strand, wo rechter Hand der eingangs beschriebene „Flower Pot“ liegt. Den erreicht man allerdings nur bei Ebbe – oder watend bzw. schwimmend – weil er am Ende einer steil aufragenden Felskuppe steht. Der Strand lädt zum Baden ein, denn das flache Wasser erwärmt sich im Sommer auf durchaus angenehme Temperaturen.

Zugang zum Brown's Beach

Einen völlig anderen Einblick in diesen Küstenabschnitt gewinnt man, wenn man der West Quaco Road noch ein Stück weiter folgt und dann über die Lighthouse Road zum Leuchtturm fährt. Der weiße schmucklose Turm liegt steil über dem Ufer auf dem Felsrücken Quaco Head, der zum UNESCO Fundy Biosphere Reserve gehört. Von hier hat man einen weiten Blick über die felsige Küste der Bay of Fundy. Beim Gezeitenwechsel formen sich direkt unterhalb des Leuchtturms kräftige Strudel, die auf keinen Fall zum Baden geeignet sind. Weiter westlich aber liegt der langgestreckte halbkreisförmigen Strand Brown's Beach, dessen Besuch sich auf jeden Fall lohnt.

Besucher am Brown's Beach

Diesen Strand erreicht man auf der West Quaco Road, der man weiter folgt: zunächst nach Süden, dann an der Einmündung der Giffin Pond Road scharf nach Osten, bis sie nach ungefähr 200 Metern an einem kleinen Parkplatz endet. Von hier führt ein Pfad durch den Küstenwald zum Strand. Über Holztreppen steigt man zum Strand hinunter, der aber nur bei Ebbe zu begehen ist. Links und rechts der Treppe hat das Meer vielfältige rundliche Skulpturen und kleine Höhlen aus dem rötlichen Sandstein gefräst. Nach links kann man dem weiten, teils steinigen Strand fast bis zum Quaco Head folgen. Hier führen die „Locals" ihre Hunde aus oder suchen nach Muscheln. Das Wasser ist flach und erreicht bei intensiver Sonne gute Badetemperaturen – genau richtig, wenn man mit kleineren Kindern unterwegs ist. Dass man die Gezeiten und den sicheren Rückweg zur Treppe nicht aus den Augen verliert, muss natürlich selbstverständlich sein.

Leuchtturm von Quaco Head

INFO

Lage: West Quaco liegt im Süden New Brunswicks knapp 50 Kilometer östlich von Saint John.

Anfahrt: über Highway 1 (bzw. Route 100 oder Loch Lomond Road) und Route 111 in Richtung St. Martins

Unterkunft: St. Martins Country Inn & Vaughan's Restaurant, 303 Main Street, St. Martins, *stmartinscountryinn.ca*

Camping: Century Farm Family Campground, St. Martins, *centuryfarmcampground.com*

Hinweis: Die beiden Strände in West Quaco sind nicht bewacht und haben keinerlei Wasch- und Umkleideräume!

7. Abstieg zu beeindruckenden Stränden: Melvin Beach und Pangburn Beach

Am Fundy Trail Parkway im Süden von New Brunswick liegen viele von Touristen noch zu entdeckende Schätze der Provinz. Zu den beeindruckenden Stränden im Park gehören Melvin Beach und Pangburn Beach.

Noch ist der Fundy Trail Parkway ein wenig beachteter, aber wunderschöner Straßenabschnitt entlang der Bay of Fundy. Mit der für 2021 vorgesehenen Fertigstellung des letzten Teilabschnitts, der die Anbindung an den Fundy National Park, Alma, Cape Enrage und Hopewell Rocks bedeutet, wird eines der wichtigsten touristischen Highlights Ost-Kanadas entstanden sein. Der zukünftige Fundy Coastal Drive könnte mit seiner Vielzahl an landschaftlichen Attraktionen und Wanderwegen sogar den berühmten Cabot Trail in Nova Scotia in den Schatten stellen.

Die Zufahrt zum Park erfolgt über St. Martins. Bereits wenige Kilometer nach dem Parkeingang – an dem man eine detaillierte

Am Melvin Beach

Karte erhält – erreicht man den Parkplatz, an dem der kurze Wanderweg hinunter zu den Stränden beginnt. Es geht auf einem anfangs noch bequem zu laufenden Weg durch den Küstenwald bald recht steil bergab. Man kreuzt andere Pfade und die Ausschilderung ist nicht immer perfekt. Hält man sich jedoch an die Karte, lässt sich der Zugang zum Melvin Beach nicht verfehlen. Über eine Holztreppe gelangt man an den von Felsklippen eingefassten Kieselstrand, wo man zunächst noch einen von den Gezeiten aufgetürmten Steinwall übersteigen muss, ehe man das Wasser erreicht. Von der Kante des Steinwalls aus hat man einen weiten Blick über die Küstenlinie und die Bay of Fundy.

Beeindruckende Größe der Felshöhle

Je nach Stand der Gezeiten kann man entlang des Wassers spazieren, auf „Schatzsuche" nach Muscheln oder schön gefärbten Steinen gehen und natürlich auch baden. Unter einer markanten Felskuppe liegt eine große, von den Wellen in den roten Fels gefräste Höhle. Besonders bei stürmischem und regnerischem Wetter sollte man aber darauf verzichten, in ihr herumzuklettern, denn durch Wind- und Wassererosion gelockertes Gestein könnte herabstürzen. Die Wirkung von Wind und Wellen kann man gut an den Felsen oberhalb der Höhle erkennen, wo Löcher, Rinnen und vielgestaltige Fantasiegebilde aus dem weichen Sandstein gearbeitet wurden, wie man es eigentlich aus Sandwüsten kennt. In den schräg aufgestellten Schichten von Sandstein und Konglomerat lassen sich mit Glück auch Fossilien finden.

Vom Wasser gekämmt

Hinter der Felskuppe mit der Höhle beginnt der durch eine flache Felsbank abgetrennte Pangburn Beach, der ebenfalls von abgerundeten bunten Kieselsteinen dominiert wird und sich noch einige Hundert Meter weiter zieht, bis er an einer steilen Felswand endet. Pangburn Beach hat keinen eigenen Zugang und ist nur bei Ebbe über Melvin Beach erreichbar. Daher sollte man bei zurückkehrender Flut diesen Strand rechtzeitig verlassen!

Der Anstieg zum Parkplatz nach dem Besuch der Strände ist steil und, obwohl kurz, recht herausfordernd. Für diese Anstrengung wird man etwas später am Aussichtspunkt Black Point mit einem schönen Blick aus großer Höhe auf beide Strände belohnt.

Pangburn Beach

Blick auf Melvin und Pangburn Beach

INFO

Lage: Die beiden Strände Melvin und Pangburn liegen an der Südküste New Brunswicks am Fundy Trail Parkway.

Anfahrt: Von St. Martins ostwärts auf der Big Salmon River Road nach Bay View, dann rechts über die Little Beach Road auf den Fundy Trail Parkway; Parkplatz P2

Parkeintritt: Tageskarte 10 CAD, 5-Tage-Pass 45 CAD, Saisonpass 55 CAD; *fundytrailparkway.com*

Unterkunft: Weslan Inn B&B, St. Martins, *weslanbandb.com*

Camping: Fundy Woods Campground & Cottages, St. Martins, *fundywoods.com*

8. Seely Beach Trail

Ob fast auf Strandhöhe oder steil hügelan: Der Fundy Trail Parkway bietet nicht nur viele Aussichtsplattformen mit schönen Blicken auf Meer und Strände, sondern auch eine Vielzahl abwechslungsreicher Wanderwege – einer davon führt zum Seely Beach.

Über Stock und Stein

Der Seely Beach Trail ist einer der kürzeren Wanderwege des Parks, der jedoch relativ steil und buchstäblich über Stock und Stein zum Strand gleichen Namens herunterführt. Es ist unbedingt sinnvoll, Wanderschuhe zu tragen! Der Weg beginnt am Parkplatz P14 und läuft nach Überqueren der Parkstraße ein kurzes Stück parallel zu dieser, bevor er zur Küste abbiegt. Teils steil bergab führt er mehrere Hundert Meter durch reizvollen lichten Küstenmischwald mit hohen Bäumen, Farnen und Moosen. Es dominieren Fichten, doch dazwischen stehen manchmal Birken und Ahornbäume. Gelegentlich sind kleinere Bächlein zu überschreiten, die das Gelände glitschig machen. Lockere Steine und freiliegende Wurzeln erfordern Aufmerksamkeit. Bevor der Strand erreicht wird, muss man noch den normalerweise flachen Seely Brook überqueren, der aber im Frühjahr oder nach Regen etwas angeschwollen sein kann. Da es keine Brücke gibt, sucht man sich seinen Weg über geeignete größere Steine oder direkt durch das Wasser des Bachs. Nach insgesamt etwa einem Kilometer hat man schließlich den Strand erreicht.

Seely Beach

Der Trail trifft hier auf den Fundy Footpath, einen Fernwanderweg von insgesamt über 62 Kilometer Länge, der entlang der Küste der Bay of Fundy in diesem Bereich fast parallel zum Strand läuft. An diesem Trail liegen verschiedene einfache Übernachtungsplätze zum Zelten, wie auch hier am Seely Beach. Wer auf dem Fundy

Foothpath im Wald ein kurzes Stück in Richtung West läuft, kann einen markanten, mit Moos überwachsenen vier Meter hohen eiförmigen Findling erblicken, der auf einem Felsbuckel balanciert und den sprechenden Namen Dragon's Tooth (Drachenzahn) trägt.

Der Strand ist zu großen Teilen recht steinig, doch lässt sich durchaus auch ein sandiger Ruheplatz finden. Je nach Stand der Gezeiten, Lust und Laune kann man links und rechts weiter spazieren, sollte jedoch nicht den richtigen Zeitpunkt für die Rückkehr verpassen, denn es steht ein ziemlich steiler, anstrengender Aufstieg durch den Wald bevor. Für diesen sollte man sich besonders an heißen Sommertagen genügend Zeit nehmen – und vor allem muss man ausreichend Trinkwasser dabei haben!

Seely Beach ist überwiegend steinig.

INFO

Lage: Der Seely Beach Trail liegt an der Südküste New Brunswicks etwa in der Mitte des Fundy Trail Parkway.

Anfahrt: Von St. Martins ostwärts auf der Big Salmon River Road nach Bay View, dann rechts über die Little Beach Road auf den Fundy Trail Parkway; Parkplatz P14

Parkeintritt: Tageskarte 10 CAD, 5-Tage-Pass 45 CAD, Saisonpass 55 CAD; *fundytrailparkway.com*

Unterkunft: Beach Street inn, St. Martins, *beachstreetinn.ca*

Camping: Fundy Woods Campground & Cottages, St. Martins, *fundywoods.com*

9. WALTON GLEN GORGE: VOM GLETSCHER GEFORMT

Die für New Brunswick ungewöhnlich tiefe und mächtige Schlucht wurde einst durch einen Gletscher in das Gestein gefräst. Der Fundy Trail Parkway ermöglicht einfachen Zugang zum „Grand Canyon von New Brunswick".

Vom Parkplatz P15, der momentan (2021) noch der Endpunkt des Fundy Trail Parkway ist, führt nach einer langen Holztreppe ein einfach zu gehender, gut ausgebauter Weg über insgesamt 1,2 Kilometer zum Glen Gorge Lookout, einem Aussichtspunkt über den Canyon am Rand einer Klippe. Der Ausblick gilt als einer der schönsten von ganz New Brunswick. Zukünftig soll hier eine Plattform entstehen, die einen sicheren Aufenthalt der Wanderer ermöglichen wird, denn die Schlucht fällt 40 Meter steil nach unten ab! Trotz der Baustelle kann man sich bereits einen guten Überblick über die wunderschöne tiefe Schlucht mit ihren nahezu senkrechten Klippen verschaffen. Im Frühjahr oder nach Regenfällen sind am gegenüberliegenden Canyonrand Wasserfälle, die Walton Glen Falls, zu sehen, die im Sommer aber oft trocken fallen. Tief unten in der teils baumbestandenen Schlucht fließt ein Bach, der zum Little Salmon River führt – dieser fließt weiter in die Bay of Fundy.

Eine Wanderung direkt in der Walton Glen Gorge ist reizvoll, aber sehr anstrengend und nur für erfahrene Wanderer geeignet. Der Weg bis zur Küste ist (in einer Richtung) zwar nur vier Kilometer lang, doch braucht man dafür auch mindestens vier Stunden! Den Einstieg zum Trail erreicht man auf dem Rückweg vom Lookout nach etwa 200 Metern; hier wendet man sich nach rechts. Unten in der Schlucht ange-

Wasserfall wegen Trockenheit ohne Wasser

kommen, muss der felsige Bachverlauf teilweise weglos umstiegen werden, was entsprechendes Schuhwerk und Trittsicherheit voraussetzt. Man muss den Bach dabei mehrere Male durchqueren.

Zugang zur Walton Glen Gorge

Nach einigen Hundert Metern anstrengender Kletterei gelangt man an eine Engstelle von nur etwas über einem Meter Breite, die Eye oft the Needle (Nadelöhr) genannt wird. Je nach Wasserstand kann man hier den Bach zwischen den senkrechten Felswänden durchwaten oder muss ihn eventuell sogar durchschwimmen, was bei dem kalten Bergwasser sicher nicht viel Freude bereitet. Wer hier nicht umkehren will, erreicht hinter Eye oft the Needle den Little Salmon River und kann die Wanderung bis zur Küste fortsetzen. Der Trail ist dann, obwohl nach wie vor „weglos", etwas einfacher zu gehen, führt aber wiederholt durch felsige und später schlammige Abschnitte, bevor schließlich die Bay of Fundy erreicht wird. Hier könnte man bei Ebbe den Fundy Footpath erreichen und seinen Weg auf diesem in Richtung Seely Beach fortsetzen.

Direkt vom Parkplatz P15 führt ein weiterer, nur 1,2 Kilometer langer Wanderweg zu den McLeod Brook Falls, die ebenfalls zum System des Little Salmon River gehören. Der ausgebaute Weg durch den Wald unter hohen Bäumen ist einfach zu gehen und endet an einer langen Treppe, die direkt bis zum Fuß des Wasserfalls führt, der oben noch schmal ist, sich aber weiter unten zwischen den moosbewachsenen Felsen breiter ausfächert. Auf dem Rückweg wirkt die Treppe – mit 133 Stufen! – noch steiler als auf dem Hinweg, aber nach 50 Stufen lädt eine Bank zum Verpusten ein.

INFO

Lage: Die Walton Glen Gorge liegt im Süden New Brunswicks am derzeitigen Ende des Fundy Trail Parkway.

Anfahrt: Von St. Martins ostwärts auf der Big Salmon River Road nach Bay View, dann rechts über die Little Beach Road auf den Fundy Trail Parkway; Parkplatz P15

Parkeintritt: Tageskarte 10 CAD, 5-Tage-Pass 45 CAD, Saisonpass 55 CAD; *fundytrailparkway.com*

Unterkunft: Salmon River B&B, St. Martins, *salmonriverbandb.com*

Camping: Century Farm Family Campground, St. Martins, *centuryfarmcampground.com*

10. Black Beach: Der etwas andere Strand von Lorneville

Der ungewöhnliche Strand, der nur wenige Kilometer von Saint John entfernt liegt, besteht weder aus hellem noch aus dem für die Bay of Fundy typischen roten Sand – sondern er ist schwarz! Solchen Sand erwartet man üblicherweise auf Vulkaninseln wie Island, den Kanaren, Neuseeland oder Hawaii – aber doch nicht in New Brunswick?

Die dunkle Farbe dieses Strandes auf einer Halbinsel an der Musquash Bay stammt nicht etwa von Vulkangestein, sondern von Graphitablagerungen, die der Saint John River in die Bay of Fundy

Schwarzer Sand am Black Beach

transportiert. An den berühmten Reversing Falls im heutigen Stadtgebiet von Saint John gab es im 19. Jahrhundert sogar Graphitminen – bis sich der Abbau wirtschaftlich nicht mehr lohnte. Abgesehen von der Farbe ähnelt Black Beach den anderen Stränden der Region. In

Richtung des Kaps Musquash Head wird er von schwer überwindbaren hohen Felsklippen begrenzt, auf denen dichter Wald wächst, in der Gegenrichtung von etwas niedrigerem, buschbestandenem porösen Gestein. Die bei Flut ins Wasser ragenden Felsen sind zumeist von Seegras überwachsen und damit feucht und glitschig.

Der dunkle Sand jedoch ist fein und glatt, angenehm für Barfußläufer und für Kinder zum Spielen. Das flache Wasser direkt am Sandstrand kann sich bei Sommersonne rasch erwärmen, doch durch den ständigen Wasseraustausch während der starken Gezeitenunterschiede – hier bis etwa sechs Meter – ist das natürlich keine Garantie für angenehme Badetemperaturen. Black Beach zieht daher weniger Badelustige, sondern vor allem Spaziergänger und Wanderer an; es ist auch ein schöner Platz, um bei klarem Wetter den Sonnenuntergang zu beobachten.

Direkt am Parkplatz beginnt der Black Beach Trail, ein Rundweg von reichlich vier Kilometern. Er führt zunächst in Ufernähe und ermöglicht immer wieder schöne Blicke über die Bucht. Zurück geht es weiter innen durch naturbelassenen Wald, stellenweise mit vielen hohen Bäumen, unter denen der Boden großflächig mit einem dichten Moosteppich bewachsen ist. Der Pfad geht auf und ab und wird manchmal durch Wurzelwerk behindert; gutes Schuhwerk ist zu empfehlen.

Südöstlich vom Parkplatz zweigt von der Schotterstraße ein Weg (Lighthouse Road) etwa 1,3 Kilometer durch den Küstenwald zum Musquash Head Lighthouse ab, das an der Landspitze am Eingang der Musquash Bay steht. Eine Wanderung dorthin kann man auf dem Split Rock Trail – weiter der Küstenlinie ostwärts folgend – noch um einige Kilometer verlängern. Dieser Trail ist jedoch ziemlich herausfordernd, schöne Ausblicke auf die felsige Küste und die Bay of Fundy sind aber garantiert.

Startpunkt des Black Beach Trails

Mensch und Hund teilen sich den leeren Strand.

INFO

Lage: Der Black Beach liegt bei Lorneville, 22 Kilometer südwestlich von Saint John auf einer Halbinsel.

Anfahrt: Highway 1 in Richtung St. Stephen, am Exit 112 auf King William Road nach Lorneville, weiter durch den Ort; das Kraftwerk an der Coleson Cove lässt man links liegen und folgt einer Schotterstraße, die nach etwa 1,5 Kilometern am Parkplatz direkt am Strand endet.

Unterkünfte:

- Weir Inn, Saint John West, *m.bbcanada.com/weirinn*
- diverse Hotels und Motels in und um Saint John

Camping: New River Beach Campground, ca. 45 Kilometer südwestlich, Route 175, *parcsnbparks.info/en/parks/new-river-beach-provincial-park-2020167*

Hinweis: Durch die exponierte Lage an der Bay of Fundy kann es am Black Beach und seiner Umgebung manchmal neblig sein. Deshalb ist ein Besuch am Nachmittag – idealerweise bei Ebbe – günstiger, da sich der Nebel infolge von Wind und Sonneneinstrahlung dann verflüchtigt haben kann.

11. Grand Manan Island

Als größte Insel der Bay of Fundy ist Grand Manan natürlich stark von den Gezeiten geprägt. Um die Insel herum tummeln sich jede Menge Wale, und über 400 Zugvogelarten rasten hier. Abwechslungsreiche Ufer mit teils spektakulären steilen Klippen bieten vielfältige Wandermöglichkeiten, Mineraliensammler finden interessante Plätze.

Die 24 Kilometer lange, in der Mitte gut zehn Kilometer breite Insel ist mit knapp 2500 Einwohnern dünn besiedelt. Der Tidenhub beträgt hier etwa sechs Meter. Schon vor Hunderten Jahren landeten hier regelmäßig die Kanus der Maliseet, Passamaquoddy und Penobscot First Nations. Das Marschland im Osten und die reizvollen Felsformationen vor allem an den Steilufern im Norden und Westen lassen sich auf 18 markierten Trails erwandern.

Auf dem Weg nach Grand Manan

Die bemerkenswerte Felsformation an der Whale Cove Bay „Hole in the Wall" ist auf zwei Wegen erreichbar. Der kürzere ist ein nur 300 Meter langer Pfad, der vom North Head Campground & Park (Daypass erforderlich!) durch den Wald führt. Er ist besonders für Kinder reizvoll, denn er wurde mit zahlreichen Tierfiguren bestückt. Der zweite, gut 2,5 Kilometer lange Weg beginnt in North Head am Swallowtail Lighthouse und folgt dem Red Trail – einem insgesamt 44 Kilometer langen Küstenwanderweg, der weiter zum Leuchtturm an der Nordspitze und später entlang der Westküste bis an die Südspitze der Insel führt.

Der Leuchtturm Long Eddy im Norden, an dem man Wale beobachten kann, lässt sich auch per Auto über die Whistle Road erreichen. Etwa einen Kilometer weiter östlich steht vor dem Steilufer der „Bishop", ein markanter Felsen. Geologisch Interessierten sind die 80 Meter hohen Klippen Seven Days Work an der Westflanke der Whale Cove mit ihren unterschiedlichen

Das berühmte Felsenloch bei Ebbe

Swallowtail Lighthouse

Gesteinen zu empfehlen. Im Süden der Insel kann man bei Red Point, Deep Cove und Bradford Cove unter anderem Hematite und Amethyste finden.

Der Süden wirkt vielerorts noch naturbelassen. Die Sandstrände an der überwiegend flachen Ostküste werden bei Flut sehr schmal, bei Ebbe aber sind sie wunderbar. Malerisch ist der kleine Fischereihafen Seal Cove, der völlig „leerläuft", wenn die Tide sinkt. Am Southwest Head steht ein Leuchtturm auf schwindelerregenden etwa 50 Meter hohen Basaltklippen, glücklicherweise vor einem Schutzzaun. Auch hier sind Küstenwanderungen möglich, allerdings zumeist auf schwierigen, zerklüfteten Wegen.

Von Audubon gezeichneter Weißkopfseeadler

Dass Grand Manan an einer Hauptfluglinie von Zugvögeln liegt, macht sie interessant für Vogelenthusiasten. Bereits der berühmte Ornithologe und Zeichner John James Audubon, der im 19. Jahrhundert das illustrierte Standardwerk „The Birds of America" schuf, zeichnete hier und auf der Nachbarinsel White Head insgesamt 240 verschiedene Spezies, unter anderem Büffelkopfente, Weißkopfseeadler und Papageitaucher. White Head Island erreicht man mit der kostenlosen Fähre ab Ingalls Head. Vögel lassen sich aber auch am Marschland vor Castalia und im Anchorage Provincial Park im Südosten Grand Manans beobachten.

Der allein stehende Felsen soll an einen Bischof erinnern.

INFO

Lage: Im Südwesten New Brunswicks in der Bay of Fundy

Anfahrt: Vom Highway 1 fährt man auf Route 176 nach Blacks Harbour, wo mehrmals täglich die Fähre nach North Head ablegt. Bezahlt wird erst beim Verlassen der Insel, Passagier 12 CAD, Pkw 36 CAD, *grandmanan.coastaltransport.ca*

Aktivitäten: Wandern auf der Insel, *grandmanannb.ca/TRAILS_Introduction.html*

Unterkünfte:
- Surfside Motel, *surfsidemotel.ca*
- Whale Cove Cottages, *whalecovecottages.ca*

Camping: North Head Campground, *grandmanancamping.com*

12. Campobello Island: Ganz im Südwesten von New Brunswick

Aus kanadischer Sicht ist Campobello Island eine der wirklich abgelegensten Inseln, denn man kann sie vom Festland aus nur mittels zweier Fährfahrten erreichen – oder aber über eine Brücke aus einem anderen Land: den USA.

Ungewöhnliche Autofähre

Ankunft auf Campobello Island

Die ersten europäischen Besucher kamen 1604 im Zuge der Entdeckungsreisen von de Mons und Champlain aus Frankreich nach Campobello Island. 110 Jahre später wurde die Insel infolge des Vertrages von Utrecht 1713 aus französischer in britische Herrschaft übergeben und gehört seit 1867 zu Kanada.

Die fehlende Landverbindung bringt den knapp 900 Bewohnern der Insel immer wieder massive Probleme, denn die Fähre zwischen Campobello und der Nachbarinsel Deer Island verkehrt nur im Sommer. Den Rest des Jahres müssen sich die Insulaner entweder in den USA oder mittels vier Grenzübergängen – mit Zollkontrollen und den dazugehörigen Einschränkungen und Verboten – in Kanada versorgen. Dazu kam, dass ab 2017 die Fährverbindung zu Deer Island ganz unterbrochen wurde, da die Fähre gesunken war. Erst seit Juni 2019 fährt dieses ungewöhnliche Gefährt wieder. Es besteht aus einem Schlepper und einem seitlich koppelbaren Lastkahn, auf dem etwa 15 Fahrzeuge Platz haben. Allein der Umgang mit diesem ungewöhnlichen Gespann ist sehenswert – denn der Lastkahn muss je nach Stand der Gezeiten an den Stränden beider Inseln sicher anlegen und durch den Schlepper in Position gehalten werden, während die Fahrzeuge die Fähre befahren bzw. verlassen. Dazu muss man wissen, dass sich ganz in der Nähe ein gefährlicher Strudel befindet, Old Sow (Alte Sau) genannt, der nach dem Malstrom in Norwegen als der zweitmächtigste Gezeitenstrudel der Welt gilt!

Auf Campobello Island gibt es neben der rauen Küste, Stränden und einigen Wandermöglichkeiten im Herring Cove Provincial Park noch zwei ganz besondere Attraktionen. Die eine ist der pittoreske Leuchtturm Head Harbour Lightstation an der Nordspitze. Er steht auf der Steilküste einer kleinen vorgelagerten Insel, die über eine Treppe zu erklettern ist,

Leuchtturm von Head Harbour

aber nur bei Ebbe eine flache Landverbindung hat. Das bedeutet, dass man sie nur innerhalb eines kurzen Zeitfensters betreten kann und alsbald wieder verlassen muss, will man nicht acht Stunden auf diesem Inselchen verbringen. Die andere Hauptattraktion ist der ehemalige Feriensitz von US-Präsident Franklin D. Roosevelt. Er gehört heute zum Roosevelt Campobello International Park, der gemeinsam von den Nationalparkbehörden Kanadas und der USA unterhalten wird. Ein Besucherzentrum informiert über die Geschichte des Ortes und seine berühmten Bewohner und Gäste. Die Gartenanlage und das Cottage können ebenfalls besichtigt werden. Es lohnt sich, auf der Insel zu übernachten, damit man nach einer Rundtour mit Besichtigungen nicht gleich wieder den komplizierten Rückweg zum Festland bewältigen muss. Campobello Island ist übrigens auch Ausgangspunkt für Walbeobachtungen in der Bay of Fundy.

Cottage von Franklin D. Roosevelt

Treibholz am Strand im Nordosten von Campobello Island

INFO

Lage: Campobello Island liegt in der Bay of Fundy, südlich von New Brunswick vor der USA-Küste.

Anfahrt: Auf Highway 1 nach St. George, weiter auf Route 172 nach L'Etete. Ganzjährig kostenlose Fähre nach Deer Island, 6:30 bis 22:30 Uhr, jeweils halbstündlich. Dort über Route 772 und Deer Island Point Road zum Südende der Insel, wo die Fähre nach Campobello Island abfährt: 8:30 bis 18:30 Uhr jeweils stündlich, Pkw mit Fahrer 22 CAD, zusätzlicher Passagier je 5 CAD, *eastcoastferriesltd.com*. *Achtung:* Je nach Andrang kann es passieren, dass man nicht gleich mit der nächsten Fähre mitkommt! Mit Glück wartet man nur eine Stunde; kritisch kann es bei der Rückfahrt werden, falls die letzte Fähre schon voll ist.

Unterkünfte:

- The Owen House, Welshpool, *owenhouse.ca*
- nur wenige andere Möglichkeiten auf der Insel!

Camping: Herring Cove Provincial Park, *parcsnbparks.info/en/parks/herring-cove-provincial-park-2020156*

13. Auf dem Maliseet Trail zu den Hays Falls

Der Maliseet Trail bietet das seltene Erlebnis, ein Stück auf einer historischen Portage zu wandern. Für die Maliseet war sie die Verbindung der „Kanu-Straßen" Saint John River in New Brunswick über mehrere Flüsse und Seen zum Penobscot River in Maine, heute USA.

Unweit von Woodstock, New Brunswick, befand sich einst das Fort Meductic der Maliseet First Nation, heute auch Wolastoqiyik genannt, das durch seine strategische Lage am Saint John River Hauptort und bedeutender Handelsplatz war. Der historische Maliseet Trail war ein wichtiger Handelsweg ins Landesinnere, der im Laufe der Zeit aber an Bedeutung verlor. Die Maliseet nutzten für ihre Reisen Birkenrindenkanus; das älteste noch erhaltene stammt von 1820 und ist in der Beaverbrook Art Gallery in Fredericton zu sehen. Der heutige Wanderweg gibt einen Eindruck von der historischen Passage zwischen den damals genutzten Wasserwegen – und er führt zu einem schönen Wasserfall, den Hays Falls.

Der Wanderweg ist gut ausgeschildert und nicht zu verfehlen, da er häufig begangen wird. Er führt leicht bergan und im wahrsten Sinne des Wortes „über Stock und Stein", was bei trockenem Wetter kein Problem ist. Anders dagegen nach kräftigem Regen, wenn der Weg zur Rutschbahn werden kann. Es ist gut, sich hier beim Anstieg einmal vorzustellen, man würde mit einem Kanu auf den Schultern bei Sommerhitze und blutsaugenden Insekten unterwegs sein! Nach reichlich einem Kilometer gabelt sich der Weg, und man muss sich rechts halten. Bald danach folgt noch eine Gabelung. Hier gelangt man nach rechts hinunter zum Fuß des Wasserfalls, was auf jeden Fall zu empfehlen ist. Der linke Weg endet oberhalb des Falls, von wo man allerdings keinen besonders schönen Blick auf den Hays Brook hat. Der 20 Meter hohe Wasserfall selbst ist natürlich besonders im Frühjahr oder nach längerem Regen beeindruckend, wenn das Wasser in weiten Kaskaden herabstürzt. Wer mag, kann sich auch in einem kleinen Wasserbecken direkt unterhalb des Falls erfrischen.

Markierung für den Wanderweg

Je nach Aufenthaltsdauer am Wasserfall dauert die Wanderung hin und zurück etwa 1,5 bis zwei Stunden. Der Maliseet Trail führt von der ersten Weggabelung noch

Anstrengender Wanderweg

Hays Fall

ein Stück weiter bis zum Highway 2, unterquert diesen durch einen Tunnel, aber endet bald danach im Unwegsamen – der historische Trail ist hier nicht mehr erkennbar.

Weltgrößte Axt in Nackawic

Für Hin- oder Rückreise bietet sich ein Stopp in Nackawic an. Hier steht die „weltgrößte Axt", ein Monument, das daran erinnert, dass Holzeinschlag bis heute ein wichtiger Industriezweig New Brunswicks ist – der aber wegen mangelnder Nachhaltigkeit und Umweltschäden zu Recht in der Kritik der Naturschützer steht.

INFO

Lage: Die Hays Falls liegen am Maliseet Trail, ca. 90 Kilometer westlich von Fredericton bzw. 16 Kilometer südlich von Woodstock nahe der Westgrenze New Brunswicks.

Anfahrt: Über Highway 2, Exit 212 (vom Süden kommend) oder Exit 200 (vom Norden kommend) auf Route 165. Der Trailhead – mit Parkmöglichkeit – befindet sich ca. sieben Kilometer nördlich von Meductic bzw. zwei Kilometer südlich vom Exit 200 direkt an der Straße 165. Tipp: Es lohnt sich, anstatt Highway 2 die Route 105 auf der Nordseite des Saint John River zu nutzen, die landschaftlich reizvoller ist und immer wieder schöne Ausblicke auf den Fluss bietet. Wer vom Süden kommt, muss dann aber bei Nackawic über die Brücke fahren, aus Richtung Norden nimmt man die Brücke (Route 585) bei Woodstock, um zur Route 165 und zum Trailhead zu kommen.

Unterkünfte:
- Big Axe B&B, Nackawic, *bigaxe.ca/bed-%26-breakfast*
- Hotels etc. in Woodstock bzw. Fredericton

Camping: Yogi Bear's Jellystone Park™, Woodstock, *campjellystone.com*

14. Mit gemischten Gefühlen ins Woodmen's Museum

Das heutige Kanada ist ohne die Forstindustrie nicht vorstellbar. Das Woodmen's Museum in Boiestown gibt Einblick in die Ursprünge der heutigen Forstindustrie und in das frühere, schwere und gefährliche Leben der Holzfäller.

Fast genau in der Mitte von New Brunswick liegt am Highway 8 der kleine Ort Boiestown, der im frühen 19. Jahrhundert als Holzfällercamp gegründet wurde. Das Haupthaus des Woodmen's Museum enthält eine naturhistorische Ausstellung und eine Galerie. In einem langen Blockhaus dahinter bekommt man einen sehr lebendigen Eindruck vom Alltag der Holzarbeiter und ihren Lebensumständen im Camp. Die Bedingungen für Essen, Schlafen und Waschen waren spartanisch und ohne jeden Komfort. Der wichtigste Mann im Camp war der Koch, denn bei der schweren körperlichen Arbeit waren reichhaltige und schmackhafte Mahlzeiten von maßgeblicher Bedeutung. Entsprach das Essen nicht den Vorstellungen der Holzarbeiter, die in der halben Welt angeheuert wurden und damit den unterschiedlichsten Kulturen angehörten, gab es sowohl für den Koch mit seinen Helfern als auch für die Eigner des Camps Ärger.

Holzfäller aus Holz

Wer sich seinerzeit beim Fällen, Entästen oder dem Abtransport der Stämme verletzte, brauchte viel Glück,

Woodmen's Museum in Boiestown

um zu überleben, denn die medizinische Betreuung war rudimentär und der nächste Arzt weit. Zu den gefährlichsten Arbeiten gehörte die Beseitigung von Staus ineinander verkeilter Stämme beim Abtransport des Holzes auf den Flüssen. Diese schwierige Aufgabe wurde oft Indigenen zugeteilt, da man ihnen mehr Mut und Geschick zutraute. Viele Holzfäller starben bereits in jungen Jahren durch Unfälle. Einer von ihnen war Peter Emberley von Prince Edward Island, ein junger Mann, der 1880 von einem Stamm erschlagen wurde. Sein Grab befindet sich noch heute in Boiestown. Über sein Schicksal gibt es ein bekanntes Lied, das noch immer gesungen wird – allerdings nicht von den „Lumberjacks" bei der Arbeit im Wald: Es könnte ja Unfälle heraufbeschwören. Das Lied wurde selbst von Bob Dylan adaptiert! Sein Song heißt: „Ballad of Donald White".

Holzfäller bei der Arbeit (Gemälde von Jim Daley)

Im Außenbereich stehen unter anderem zwei große Wellblechhütten – Quonset Huts – die allerlei Ausstellungsstücke beherbergen wie einen „Tante Emma-Laden", ein Friseurstudio, Werkzeug, Äxte aller Arten und Größen und sogar Fossilien. In einem Bootshaus sind verschiedene Kähne und Kanus zu sehen, unter ihnen auch eines aus Birkenrinde. Man kann eine Schmiede besichtigen; im Gelände stehen Dampfmaschinen zum Antrieb von Sägemühlen, ein Outhouse (Plumsklo) zeigt Überraschendes, und selbst eine kleine Industrie-Eisenbahnstation wurde nachgebaut.

Historische Dampfmaschine

Die alten Traditionen werden immer noch gepflegt: Im Sommer findet hier das jährliche Lumberjack Festival statt. Die Wettbewerbe im Sägen, Holzhacken etc. stehen aber heute sowohl Männern als Frauen offen. Kahlschläge mit ihren negativen ökologischen Auswirkungen sind in New Brunswick leider auch heute wieder Alltag – wider besseres Wissen. Früher wie heute verliert nachhaltiges Wirtschaften immer wieder gegen Profitinteressen.

Schon besetzt!

INFO

Lage: Das Woodmen's Museum liegt in Boiestown in der Mitte New Brunswicks, 70 Kilometer nördlich von Fredericton, 112 Kilometer südwestlich von Miramichi.

Anfahrt: Auf Route 8 bis Boiestown; das Museum liegt am Ostrand des Ortes direkt an der Straße.

Öffnungszeiten: Anfang Juni bis Anfang September 9:30 bis 17 Uhr

Eintritt: 10 CAD

Website: *woodmensmuseum.com*

Unterkunft: Pond's Chalet Resort, Porter Cove abseits der Route 8, *pondsresort.ca*

Camping: Back Home Family Campground, zehn Kilometer nordöstlich von Boiestown, Route 8, *facebook.com/Back-Home-Family-Campground-190738294435091*

15. Doaktown: Ein Dorf mit zwei Museen und zwei berühmten Brücken

Doaktown liegt eigentlich im Nirgendwo von New Brunswick – an der Route 8, der Durchgangsstraße im Inland, die Bathurst und Miramichi am Sankt-Lorenz-Golf mit der Hauptstadt Fredericton verbindet. Dank zweier Museen und zweier ungewöhnlicher Brücken ist ein Stopp in Doaktown aber lohnenswert.

Museum

Ehemaliges Wohnhaus der Familie Doak

In der Gegend von Doaktown wird seit mehr als 200 Jahren Holz geschlagen und verarbeitet. Das sich damit entwickelnde Dorf wurde später nach einer Farmerfamilie Doak benannt, die aus Schottland eingewandert und hier dank einer Farm, wasserbetriebener Getreidemühlen und eines Sägewerks zu einigem Vermögen und Ansehen gelangt war. Die Geschichte dieser Familie wird in ihrem ehemaligen Wohnhaus, Teil der Doak Historic Site, erzählt. Das Gebäude aus dem 19. Jahrhundert ist weitgehend mit dem originalen Hausrat der Familie Doak ausgestattet, der teilweise mit dem Schiff aus Schottland nach New Brunswick gebracht wurde. Da bis zur Übergabe des Anwesens an den Staat im Jahr 1979 ein Mitglied der Familie Doak im Haus wohnte, sind viele verzierte Möbel, Teppiche, kunstvolle Quilts und weitere Einrichtungsgegenstände erhalten geblieben. Bei einer unterhaltsamen Führung kann man erfahren, wie die Familie, unterstützt von mehreren Angestellten, ein vornehmes

In der Küche

Leben mit Hausmusik und Bibliothek führte. Da die Hausherrin sich bei diesem Lebensstil im Dorf nicht ausreichend sicher fühlte, bestand sie darauf, bei Abwesenheit des Hausherrn die unteren Fenster abends mit verschiebbaren Holzläden zu verschließen. Auch der Rest des Anwesens mit einem Nutzgarten, einer Werkstatt zur Wollverarbeitung und einer alten Schule ist Teil der Historic Site.

Atlantic Salmon Museum

Nach dem Bau der Eisenbahnlinie (1898 bis 1985 in Betrieb) kamen nicht nur Geschäftsleute, sondern auch Touristen in das heutigen Doaktown, was zum Bau von Hotels führte. Selbst der britische König George VI. war 1939 mit seiner Gemahlin hier zu Gast.

Speere zum Fischstechen

Der Miramichi River ist ein hervorragender Lachsfluss und bis heute bei Anglern so beliebt, dass man extra ein Museum errichtete. Es widmet sich speziell dem Atlantiklachs – und denen, die ihm nachstellen. Die Mi'kmaq am Fluss bevorzugten Störe, die bedeutend größer als Lachse werden und deren Überreste nach dem Verzehr des Fleisches nahezu vollständig zu nützlichen Dinge verarbeitet wurden. Im Atlantic Salmon Museum ist alles zu sehen, was benötigt wird, um zu fischen: Hunderte verschiedene Haken und Fliegen, Angelruten und -rollen, Speere zum Aufspießen der Fische und Kescher. Sicherlich ein Paradies für passionierte Angler. Wen das ermüdet, der kann sich in einem Nebengebäude lebendige Fische in einem Aquarium ansehen oder hinunter zum Fluss gehen, um sich zu entspannen.

Die längste Fußgänger-Hängebrücke von New Brunswick

New Brunswick ist für seine überdachten Brücken, die Covered Bridges, bekannt. Die vermutlich älteste Brücke ihrer Art in der Provinz ist die Nelson Hollow Bridge von 1870 unweit von Doaktown. Es lohnt sich durchaus, den kurzen Abstecher – vier Kilometer westlich von Doaktown entfernt – zu machen, um den Zimmerleuten Respekt für dieses komplexe und über lange Zeit stabile Holzbauwerk zu zollen. Nur neun Kilometer weiter westlich befindet sich die Priceville Footbridge, die längste Fußgänger-Hängebrücke der Provinz, die allerdings sehr leicht ins Schwingen kommt.

Die älteste überdachte Brücke der Provinz

INFO

Lage: Doaktown liegt 90 Kilometer nordwestlich von Fredericton im Zentrum von New Brunswick.

Anfahrt: Die Route 8 führt durch Doaktown. Die beiden Museen liegen direkt an der Straße. Priceville Footbridge zwischen McNamee und Priceville ist über Holt Road und Carrols Crossing Road zu erreichen, Nelson Hollow Bridge über den Nelson Hollow Drive (alles Seitenstraßen der Route 8).

Öffnungszeiten:

- Doak Historic Site: Juli bis September Di-Sa 9 bis 17 Uhr, 7 CAD, *doaksite.ca*
- Atlantic Salmon Museum: Juni bis September Mo-Sa 9 bis 17 Uhr, So 12 bis 17 Uhr, sonst auf Anmeldung, 8 CAD, *atlanticsalmonmuseum.com*

Unterkunft: The Ledges Inn, Doaktown, *ledgesinn.com*

Camping: Back Home Family Campground, 15 Kilometer südwestlich von Doaktown, Route 8, *facebook.com/Back-Home-Family-Campground-190738294435091*

16. Metepenagiag Heritage Park: Eine alte Siedlung der Mi'kmaq

Die Metepenagiag Mi'kmaq siedeln seit Tausenden Jahren am Miramichi River. Zwei archäologische Fundstätten, der 2500 Jahre alte Augustine Mound und die Oxbow Site mit bis zu 3000 Jahre alten Artefakten, sind National Historic Sites von Kanada.

Die archäologischen Fundstätten am sogenannten Oxbow, einer Flussbiegung des Little Southwest Miramichi River, wurden von dem Mi'kmaq Elder Joseph Augustine entdeckt, nachdem er 1972 einen Artikel des Magazins National Geographic über Grabstätten in Arizona gelesen hatte. Er erinnerte sich daran, dass er oft mit seinem Vater an einem ähnlichen Erdhügel gerastet hatte. Dort begann er zu graben und brachte einige Artefakte nach Hause. Nach weiteren Ausgrabungen durch Archäologen wurde der Grabhügel

Archäologische Fundstätte am Oxbow

unter Würdigung des Entdeckers als Augustine Mound 1975 zur National Historic Site erklärt. Man datierte die Stätte auf ein Alter von etwa 2500 Jahren. Auch an der Entdeckung der Oxbow Site, einem Siedlungsplatz der Mi'kmaq nur wenige Hundert Meter weiter westlich mit bis zu 3000 Jahre alten Objekten, war Joseph Augustine beteiligt.

Kanu aus Birkenrinde

Beide Fundstätten waren Anlass zur Schaffung des 2007 eröffneten Metepenagiag Heritage Park, wo man Einblicke in die 3000 Jahre lange Geschichte der Mi'kmaq an diesem Ort bekommt, der das am längsten besiedelte Dorf von New Brunswick ist!

3000 Jahre alte Keramik

Der architektonisch einem Wigwam nachempfundene Gebäudekomplex enthält neben dem Museum mit Kinosaal auch ein wissenschaftliches Labor und eine Boutique mit Kunsthandwerk. In der umfangreichen Ausstellung werden unter anderem ein Birkenrindenkanu, Steinwerkzeuge, Artefakte aus Kupfer, Körbe und Gefäße aus Bast und Keramikgefäße gezeigt, deren ältestes 3000 Jahre alt ist. Auf teils großformatigen Gemälden wird der Alltag von vor Hunderten Jahren nachempfunden, um dem Besucher eine bildliche Vorstellung vom früheren Leben am Miramichi River zu vermitteln. Dazu kommen Schautafeln und Alltagsgegenstände, die das Leben in allen Jahreszeiten illustrieren. Besondere Bedeutung für die Metepenagiag

Bastgefäß

Schwitzhütte

Mi'kmaq hatte der Fang von Stören, die früher durchaus die Länge eines Kanus erreichen konnten und bis zu 400 Kilogramm wogen. Neben Lachsen und Barschen gehörten Wasservögel, aber auch Elche, Schwarzbären und Karibus zur Nahrung der Mi'kmaq.

Auf Schautafeln wird über die frühen Kontakte zu Europäern berichtet, zu Wikingern, französischen Reisenden wie Cartier und Champlain oder den Akadiern, Einwanderern aus Frankreich. Zu diesen unterhielten die Mi'kmaq freundschaftliche Beziehungen und ermöglichten ihnen damit das Überleben in einer sehr ungewohnten Umwelt.

Im Außenbereich gibt es eine Schwitzhütte und Wigwams zu sehen. In einer kleinen Arena findet jeweils Ende Juni ein Powwow statt. Wanderwege führen durch die reizvolle Umgebung am Fluss. In unmittelbarer Nähe liegt die den Mi'kmaq gehörende Red Bank Lodge, wo man übernachten und traditionell zubereitete Speisen verzehren kann.

INFO

Lage: Der Metepenagiag Heritage Park liegt im Osten New Brunswicks 30 Kilometer westlich von Miramichi; Metepenagiag Heritage Park, 2156 Micmac Road, Red Bank

Anfahrt:

- Vom Südwesten aus auf Route 8 bis Exit 164, nach links auf Route 425, in Sunny Corner auf Route 420 nach Red Bank.
- Von Miramichi aus über King Georg Highway und Curtis Road auf Route 415, in Sunny Corner auf Route 420 nach Red Bank.

Öffnungszeiten: Mitte Mai bis Mitte Oktober, 10-17 Uhr

Eintritt: 8 CAD

Website: *metpark.ca*

Unterkunft: Metepenagiag Lodge, 2202 Micmac Road, Red Bank, *redbanklodge.com*

Camping: Red Rock Lodges & Campground im fünf Kilometer entfernten Lyttleton, *redrocklodges.com*

17. PABINEAU FALLS

Diese Wasserfälle sind flach und eigentlich „nur" Stromschnellen, aber es ist sehr eindrucksvoll, zu hören und zu schauen, wie sich das schnell strömende Wasser des Nepisiguit River seinen Weg durch die Granitfelsen an den bewaldeten Ufern bahnt.

Kaskaden des Nepisiguit River

Die Pabineau Falls sind ein schöner Platz, um einfach auszuruhen und die Magie der Natur auf sich wirken zu lassen. Beim Durchgang durch eine Engstelle des hier aus rosagrauen Felsbänken bestehenden Ufers bildet der Nepisiguit River beeindruckende Kaskaden. Der Anblick der senkrechten Steinwände und das kraftvolle Rauschen des Wassers allein sind bereits faszinierend. Wer ein Stück am Fluss entlang geht oder – sehr vorsichtig – auf den Felsen

am Wasser umher klettert, kann mit Glück Forellen oder gar Lachse erblicken, die an den Stromschnellen springen. Es ist ein idealer Rastplatz während einer langen Autoreise durch New Brunswick – oder als Ausflug von Bathurst aus. Für sehr erfahrene Kajakfahrer sind diese Stromschnellen eine spannende Herausforderung.

Die Pabineau Falls liegen auf dem Territorium der Pabineau First Nation, also auf privatem Land, das aber der Öffentlichkeit zugänglich ist. Die Mi'kmaq haben 2,5 Kilometer weiter nördlich, nahe dem Dorf bei der Mündung des Pabineau in den Nepisiguit River, kurze Spazierwege durch den Oasapegel Heritage Park angelegt. Nahebei betreibt die Pabineau First Nation ein Fischrestaurant, in dem je nach Saison Forellen und Lachse aus dem Nepisiguit River oder Seafood aus dem nahe gelegenen Sankt-Lorenz-Golf zubereitet und serviert werden. Man kann sich natürlich seine Fish & Chips oder Lobster Rolls auch als Imbiss mit zu den Wasserfällen nehmen.

An der östlichen Seite des Flusses verläuft ein Fernwanderweg, der 147 Kilometer lange Nepisiguit Mi'kmaq Trail vom Mount Carleton Provincial Park zum Daly Point Nature Reserve in Bathurst. Wer

Stromschnellen der Pabineau Falls

kann, sollte ihm zumindest ein kleines Stück folgen. Er führt durch akadischen Forst und weithin naturbelassene Landschaft entlang des Flusses. Hier kann man einen Eindruck davon gewinnen, in welcher Umgebung die Mi'kmaq lebten, die diesen Wasserweg seit Tausenden Jahren nutzten. Auch von diesem Trail aus lassen sich natürlich die Pabineau Falls bewundern, nur aus einer anderen Perspektive.

Tänzer beim Powwow

Jedes Jahr im Juli veranstaltet die Pabineau First Nation an einem Wochenende ihr traditionelles Powwow, an dem auch Tänzer der benachbarten First Nation und selbst aus anderen Provinzen oder den USA teilnehmen. Der Besuch eines solchen Festes ist ein echter Höhepunkt einer Kanadareise.

INFO

Lage: Die Pabineau Falls liegen im Nordosten von New Brunswick, 13 Kilometer südlich von Bathurst.

Anfahrt:

- Von Bathurst auf Route 430 nach Süden, nach ca. sieben Kilometern links auf die Pabineau Falls Road, auf dieser insgesamt sechs Kilometer durch das Dorf der Pabineau First Nation hindurch zu den Stromschnellen.
- Anfahrt zum Fernwanderweg Nepisiguit Mi'kmaq Trail: von Bathurst auf Route 134 zur Ostseite des Flusses, dann nach Süden auf die Rough Waters Road bis Rough Waters, wo ein Einstiegspunkt liegt; oder noch weiter durch Gloucester Junction, bis man nach ca. elf Kilometern die Red Brook Road gegenüber dem Dorf der Papineau First Nation erreicht, *migmaqtrail.ca*

Unterkunft: Auberge De La Vallee, Bathurst, *aubergedelavallee.ca*

Camping: Malybel, Beresford bei Bathurst, *campingmalybel.ca*

18. Der „Sentier Magique de Sculptures“: Nicht nur für Kinder lustig

Die Insel Lamèque im Nordosten von New Brunswick bietet in Petite-Lamèque eine außergewöhnliche Sehenswürdigkeit: einen Gartenpark mit naiven, mit viel Liebe aus Holz geschnitzten Figuren.

Am Eingang zum Wundergarten

Riesen-Stiefel für Selfies

Baromé Savoie, ein älterer Herr, der als Holzbildhauer Autodidakt ist, hat in dem kleinen Ort Petite-Lamèque einen „Garten voller Wunder“ geschaffen – den Sentier Magique de Sculptures, was man wohl mit „Pfad der zauberhaften Skulpturen“ übersetzen kann. Der Garten mit den Figuren ist eine private Einrichtung, für die man Eintritt bezahlen muss. Doch schon ein Blick über den Zaun zeigt, dass es sich lohnt. Und das nicht nur für Kinder, denn auch Erwachsene finden Gefallen an den liebevoll geschnitzten, teils naiven und teils skurrilen Figuren, die sofort den stillen Humor des Schöpfers erkennen lassen.

Vor dem Eingangsgebäude stehen ein Paar übergroße Stiefel aus Holz, in die man – ganz zeitgemäß – für ein Selfie einsteigen kann. Gleich daneben schaut ein Ferkel durch ein Loch im Zaun auf die

Eine Mohrrübe für das Pferd

Neugieriges Ferkel

neugierigen Besucher. Viele der Figuren sind in kleinen Geschichten gruppiert. Da gibt es einen Bauernhof, Baromés Farm, mitsamt den fleißigen Farmarbeitern zu bewundern. Eine Sau mit Ferkeln, Hühner mit Hahn, Schafe und ein Pferd, das der Einfachheit halber nur mit dem Kopf aus dem Stall schaut – das ganze Tier hätte wohl zu viel Aufwand erfordert. Weiter hinten kann man einen Holzfäller mit der Axt und einen Hummerfischer entdecken, ein anderer Mann schiebt eine Karre mit einem Riesenkürbis am Zaun entlang. Das alles sind Szenen, wie man sie auch im Dorf gleich nebenan beobachten könnte.

Im hinteren Bereich läuft der „Bauernhof" in ein Waldstück aus, und hier begegnet man dann Holzfiguren aus der Natur wie Bären, Waschbären, einer Biberfamilie, aber auch Fabelwesen: so etwa einem Wurzelstück mit einem riesenhaften Gesicht, das offensichtlich auf seinen Stumpen auf den Besucher zu läuft.

Auf dem Hof

Ganz der Erwartungshaltung von Kindern entsprechend, sind auch Filmfiguren wie Shrek mit seinem sprechenden Esel und sogar Gargamel, der Hexenmeister und Feind der Schlümpfe, zu sehen. Wer mit dem Nachwuchs reist, hat es mit Sicherheit schwer, diesen Wundergarten schnell wieder zu verlassen.

Fabelwesen aus Baumwurzel

INFO

Lage: Der Sentier Magique de Sculptures liegt ca. 100 Kilometer entfernt von Bathurst ganz im Nordosten New Brunswicks vor der akadischen Halbinsel auf der mit dem Festland durch eine Brücke verbundenen Insel Lamèque; Sentier Magique de Sculptures, 244 Chemin Gauvin

Anfahrt: Von Bathurst über die Routen 11, 340, 350 und 113 erreicht man Lamèque, auf Route 313 kommt man nach Petite-Lamèque, wo man gleich hinter der Bucht nach links in den Chemin Gauvin zum Skulpturengarten abbiegt.

Öffnungszeiten: Im Sommer 9-17:30 Uhr

Website: *facebook.com/Sentier-Magique-De-Sculptures-161608263935538*

Unterkunft: Motel Brise Marine, Shippagan (auf dem Festland), *motelbrisemarine.ca*

Camping: Camping Lamèque, auch Cottages, gleich neben dem Skulpturengarten, *campinglameque.com*

19. Bei den Akadiern auf Île Miscou

Auf Île Miscou – oder Miscou Island – leben heute überwiegend Akadier, Nachfahren der frühen französischen Einwanderer. Der Seefahrer Jacques Cartier hatte die Insel bereits vor etwa 400 Jahren aufgesucht. Damals gingen auch baskische Schiffe hier auf Fischfang. Doch schon lange vorher lebten Mi'kmaq auf der Insel, die sie „M'susqu" nannten, was in etwa „feuchtes, flaches Land" bedeutet.

An der Brücke nach Miscou Island – bis 1996 gab es hier nur eine Kabelfähre – wird man von einem großen Dach in den Farben der Akadier am gegenüberliegenden Ufer begrüßt: blau, weiß und rot mit einem gelben Stern im blauen Feld. Dieses symbolträchtige Dach gehört zu einer Fischfabrik, die direkt am Hafen liegt. Vier Fünftel der Bevölkerung der Insel sind frankophon und ein Fünftel

Küstenschutz auf Miscou Island

Café am Leuchtturm

benennt Englisch als ihre erste Sprache. Es gibt aber auch eine Mi'kmaq-Community, die den Bau eines eigenen Kulturzentrums anstrebt, um an ihre Jahrhunderte alte Anwesenheit in der Region zu erinnern und ihre Kultur zu pflegen.

Attraktivstes Ziel ist der Leuchtturm im Nordosten der Insel, eine National Historic Site. Er wurde bereits 1856 errichtet. Da die Küste hier den Stürmen und Gezeiten stark ausgesetzt ist, wird das Land durch Steinwälle vor der Erosion geschützt. Wegen Abbrüchen an der Küste musste der Leuchtturm bereits einmal ein

Leuchtturm, gesichert mit Abspannseilen

Stück weiter ins Land versetzt werden. Wie viele Schiffe mag er vor dem Stranden bewahrt haben? Das Meer um die Insel ist jedenfalls aufgrund der vielen Nehrungen, Sandbänke und Strände nicht einfach zu befahren.

Für die Vogelwelt sind diese sowie die vielen Seen und Lagunen allerdings das reine Paradies, das besonders zu den Zeiten der Frühjahrs- und Herbstmigration viele Ornithologen und Vogelfreunde anlockt. Die Northern Gannets (Basstölpel), Canada Warbler (Kanadawaldsänger), Red Knot Sandpiper (Knuttstrandläufer), die bedrohten Piping Plovers (Gelbfuß-Regenpfeifer) und andere gehören zu den eher seltenen Vogelarten, die man hier beobachten kann. Glücklicherweise sind bereits große Bereiche der Insel unter Naturschutz gestellt und so vor Zersiedlung geschützt.

Es bleibt aber trotzdem genügend Platz für ausgedehnte Strandwanderungen und für Badelustige, die in dem hier an der der Baie de Chaleur gar nicht so kalten Wasser schwimmen wollen. Auch Kitesurfer, Kajakfahrer und Sportfischer finden hier ihren Spaß.

Tipp: Auf dem Weg nach Miscou Island passiert man im Hafen von Shippagan eine beeindruckende Armada von Fischerbooten in vielerlei Farben, die hier auf ihren Einsatz während der Fischsaison warten. Eine solche Farbenpracht gibt es nicht oft zu sehen – ein Fotostopp lohnt sich.

Im Hafen von Shippagan

INFO

Lage: Miscou Island liegt 124 Kilometer entfernt von Bathurst, am äußersten Ende der akadischen Halbinsel an der Nordostspitze von New Brunswick und ist durch eine Brücke zur Insel Lamèque ans Festland angebunden.

Anfahrt: Von Bathurst über die Routen 11, 340, 350 und 113. Der Leuchtturm liegt am Ende der Straße.

Unterkunft: Aux Peupliers B&B, Insel Lamèque, 66 rue du Pêcheur, *aux-peupliers.business.site*

Camping:
- Camping Miscou, *campingmiscou.com*
- Camping La Vague, *campinglavague.ca*

20. Île-aux-foins Park in Neguac: Nicht nur Vögel …

Das Fischerdorf Neguac am Sankt-Lorenz-Golf wird hauptsächlich von Französisch sprechenden Akadiern bewohnt. Der Park ist nicht nur ein Paradies für Vogelbeobachter, er hat auch einen schönen Badestrand und einen ungewöhnlichen Leuchtturm.

Die geschützte Lage am Sankt-Lorenz-Golf ist für das angeblich wärmste Wasser in Atlantik-Kanada verantwortlich und damit bestens zum Baden geeignet. Neguac wird zudem noch von einer Insel, Hay Island, und einer langgestreckten Nehrung vor den Unbilden des Meeres geschützt. Auf Hay Island, die durch eine Brücke mit

In den Farben der Akadier

Auf Holzbohlen über das Marschland

dem Festland verbundenen ist, liegt der Île-aux-foins Park, ein besonders für die Beobachtung von Vögeln ausgebauter Naturpark. Der Name (Hay bzw. Foin) weist darauf hin, dass die Insel früher von den akadischen Farmern zur Heugewinnung genutzt wurde. Sie schnitten das Gras in den Salzmarschen und stapelten es auf Gestellen zum Trocknen. Im Winter, wenn die Bucht gefroren war, wurde das Heu zum Verfüttern eingeholt.

Unweit vom Parkplatz steht ein markanter Leuchtturm mit ungewöhnlichen Proportionen, der in Blau, Weiß und Rot gestaltet wurde – den Farben der Akadier. Nahebei befinden sich ein Spielplatz für kleinere Kinder, Picknicktische, Umkleidekabinen und Toiletten. Nur wenige Meter dahinter liegt ein lang gestreckter Strand, der wegen seines flachen Wassers besonders für Kinder zum Baden geeignet ist.

Über einen 800 Meter langen Bohlenweg sind mehrere Vogelbeobachtungsplätze auf einer Feuchtwiese und einer Lagune am Ende von Hay Island erreichbar. Auch außerhalb der Migrationszeiten der Vögel kann man hier einfach wunderbar entspannt spazieren und auf Bänken rasten, die teilweise sogar überdacht sind und so vor intensiver Sonnenstrahlung oder Regen schützen. Mit Glück kann man Ospreys (Fischadler) oder Great Blue Herons (Kanadareiher) bei der Jagd nach Fischen sehen. Für die Beobachtung kleinerer Vögel wie Savannah Sparrow (Grasammern), Piping Plover (Gelbfuß-Regenpfeifer) oder Red-eyed Vireo (Rotaugenvireo) ist aber ein Fernglas hilfreich.

Dank der Lage in der Miramichi Bay sind die Lebensbedingungen für Austern bei Neguac besonders günstig. Der Ort gilt als das Zentrum der Austernzucht in Atlantik-Kanada. Da man hier auch Hummer, Heringe und anderes fängt, ist das Angebot in den von französischer Tradition geprägten örtlichen Fisch- und Seafood-Restaurants besonders frisch und gut.

Beobachtungsturm in der Salzmarsch

INFO

Lage: Neguac liegt 43 Kilometer nordöstlich von Miramichi an der Miramichi Bay.

Anfahrt: Aus Richtung Norden (akadische Halbinsel) wie auch aus Miramichi auf Route 11; den Park erreicht man über die Rue St. Joseph am südwestlichen Ende des Ortes.

Öffnungszeiten: Der Île-aux-foins Park ist ganzjährig geöffnet.

Eintritt: Frei

Unterkünfte:

- Motel Beauséjour & Chez Raymond in Neguac, *motelbeausejour.com*
- mehr Hotels in Miramich

Camping: River Haven Campground, Tabusintac, *riverhavencampground.ca*

21. Osprey Trail: Wandern im Kouchibouguac National Park

Der Kouchibouguac National Park ist hauptsächlich durch seine Strände, Flüsse und Lagunen bekannt. Besonders wenn es im Sommer am Strand viel zu heiß ist, lohnt sich eine Wanderung durch den schattigen Wald entlang der Küste.

Wanderweg entlang der Küste

Man ist überrascht, wie viele Leute – hauptsächlich Familien mit Kindern – es im Sommer in den Nationalpark zieht. Diese Menge von Sonnenhungrigen und Badewilligen ist für New Brunswick ungewöhnlich, zeigt aber auch, wie beliebt der Kouchibouguac National Park ist. Da er von 60 Kilometer ausgedehnten Radwegen durchzogen ist und man vor Ort Mountainbikes und Kajaks ausleihen kann, kommen auch zahlreiche Radler und Paddler hierher.

In Anbetracht dieser Situation ist es eine gute Entscheidung, den Massen mit einer Wanderung etwas aus dem Wege zu gehen. Das kann man auf Trails unterschiedlicher Länge – ein paar sind nur wenige Hundert Meter lang, ein anderer aber zwölf Kilometer. Der besonders schöne Osprey Trail liegt abseits der Hauptstrecken im Park. Er führt durch typisch akadischen Forst auf eine Halbinsel. Seine Länge wird mit gut fünf Kilometer (hin und zurück) angegeben. Wer sich etwas Zeit lassen will, sollte dafür bis zu zwei Stunden einplanen. Mit etwas Glück begegnet man auf diesem Weg keinem anderen Wanderer, aber dafür Eichhörnchen oder Hirschen.

Tipi am Zeltplatz für Gruppen

Der Startpunkt ist mithilfe der Karte, die man am Parkeingang bekommt, einfach zu finden. Der Weg führt zunächst an einer Wiese – Côte-à-Fabien – vorbei, die zeltenden Gruppen vorbehalten ist, bevor er den lichten Wald erreicht. Das Wasser der Kouchibouguac Lagune ist immer in unmittelbarer Nähe, sodass meist auch eine frischere Brise weht. Nach etwa einem Kilometer teilt sich der Weg. Da sich die Abschnitte nach rund einem Kilometer wieder treffen, bleibt es jedem selbst überlassen, welcher Richtung man beim Hinweg bzw. Rückweg folgt. Noch ein paar Hundert Meter weiter, auf denen der Weg teils ufernah verläuft, erreicht man Black River Point, die Spitze der Halbinsel und den Umkehrpunkt. Wer hier etwas verweilt, kann mit Glück Ospreys – die Fischadler, nach denen der Trail benannt ist – oder Weißkopfseeadler beim Fischen beobachten.

Um den Nationalpark hier so naturbelassen wie möglich erlebbar zu machen, wird nur wenig eingegriffen. Umgestürzte Bäume werden zumeist nur dann bearbeitet oder beiseite geräumt, wenn sie ein Hindernis für den Wanderweg oder eine Gefahr bilden. Führt der Weg über feuchte Bereiche, werden diese nur minimal mit Bohlenwegen überbrückt. Man sollte deshalb geeignete und der Witterung angepasste Schuhe tragen. Im Gegensatz zu manchen anderen Nationalparks ist der Kouchibouguac in großen Bereichen auch im Winter zugänglich – so auch der Osprey Trail.

Treibholz am Ufer

INFO

Lage: Der Kouchibouguac National Park liegt im Osten New Brunswicks südöstlich von Miramichi an der Northumberland Strait.

Anfahrt: Aus Miramichi – oder vom Süden kommend – auf Route 11; vom Exit 75 führt die Route 117 in Richtung Osten direkt zum Visitor Centre, wo man eine Parkbroschüre mit Karte bekommt.

Öffnungszeiten: Das Visitor Centre, Serviceeinrichtungen und Campingplätze sind von Mitte Mai bis Ende Oktober geöffnet.

Eintritt: 8 CAD, bis 17 Jahre frei

Hinweis: Von Ende November bis Ende März kann man im Pijeboogwek Waxing Shelter Ski, Schneeschuhe oder Mountainbikes ausleihen, *pc.gc.ca/en/pn-np/nb/kouchibouguac/visit/pijeboogwek*

Unterkunft: L'Ancrage B&B and Cottages, Saint-Louis de Kent, an der Route 134, *ancrage.ca*

Camping: South Kouchibouguac Campground, im Nationalpark, *pc.gc.ca/en/pn-np/nb/kouchibouguac/activ/camping*

22. EINSAMER STRAND AM CAP-LUMIÈRE

Die Northumberland Strait ist eines der wärmsten Gewässer Atlantik-Kanadas und lockt mit bekannten Stränden, die im Sommer jedoch ziemlich voll sein können. Weiter abgelegen findet man aber Strände, wo man fast allein ist, wie den Cap-Lumière Beach.

Der Ort gleichen Namens am sogenannten Acadian Coastal Drive ist einfach zu finden. Bei der Anfahrt von der Straße zum Strand

Nur wenige Besucher sind am Strand.

muss man jedoch vorsichtig sein, denn die Piste ist unbefestigt und besteht teilweise aus tiefem Sand. Glücklicherweise betrifft das nur die letzten Meter vor dem ersten Strandzugang, sodass man auch laufen kann.

Obwohl Cap-Lumière einen großen Campingplatz in unmittelbarer Wassernähe hat, ist dieser Strand auch im Sommer wenig belebt. Man überquert eine grasbewachsene Düne, und schon blickt man auf einen weiten Strand mit feinem Sand, der sich linker Hand noch fast fünf Kilometer hinzieht. Nach etwas schmaleren Stellen wird

Schützt unseren Strand!

er hinter dem nächsten Landvorsprung bald wieder breiter, bis ihn ein Wasserlauf vor der kleinen First Nations-Community „Indian Island" unterbricht. Da die Piste parallel zum Strand schon nach wenigen Hundert Metern endet, muss man sich den Rest wandernd erschließen. Auf der rechten Seite wird der Sandstrand durch den kleinen Fischereihafen von Cap-Lumière begrenzt.

Dem Strandvergnügen steht außer schlechtem Wetter nichts entgegen. Für Familien mit Kindern ist es der ideale Platz für einen erholsamen Stopp zwischen langen Autofahrten – abseits von all dem Gedränge, wie man es weiter südlich um Shediac und am Cap-Pelé erleben kann. Allerdings gibt es dafür hier am Strand weder Umkleidekabinen noch Toiletten. Auch etwas zum Essen und Trinken muss man sich selbst mitbringen, denn der Aufenthalt am Strand macht mit Sicherheit hungrig und durstig.

Ruhe am Strand ist hier gesichert.

Mit handgemalten Schildern für den Naturschutz

INFO

Lage: Cap-Lumière liegt im Osten New Brunswicks südlich vom Kouchibouguac National Park an der Northumberland Strait.

Anfahrt: Die Route 505 (Acadian Coastal Drive) führt durch Cap-Lumière und macht im Südteil des Ortes eine spitze Kurve. Hier biegt man parallel zur Küste nach Norden. Nach etwa anderthalb Kilometern passiert man einen kleinen Hafen; am Ende der Straße beginnt die Sandpiste zum Strand.

Unterkunft: Wishwood Resort im 20 Kilometer entfernten Richibucto, *wishwoodresort.ca*

Camping: Camping Cap-Lumière gleich im Dorf, *campingcaplumiere.com*

23. Die Düne von Bouctouche

Vor der Mündung des Bouctouche River zieht sich eine zwölf Kilometer lange Düne hin. Sie steht unter Naturschutz, ist aber teilweise durch Wander- und Bohlenwege erschlossen.

Bouctouche ist eine überwiegend von Französisch sprechenden Akadiern bewohnte Gemeinde an der gleichnamigen Mündungsbucht des Flusses. Der originale Name in der Sprache der Mi'kmaq war Tjipogtotjg, was in etwa „toller kleiner Hafen" bedeutet. Die berühmte Düne liegt großenteils auf einer Nehrung. Da, wo sie an das Festland stößt, wurde vor einigen Jahrzehnten ein Naturpark errichtet.

Strandzugang

Damit wurde die vorwiegend mit Gräsern bewachsene Dünenlandschaft einerseits geschützt, andererseits der naturschonende Zugang auf einem über einen Kilometer langen Bohlenweg ermöglicht. Der schöne Spaziergang bietet an drei Punkten – zu Beginn,

Bohlenwege schützen die Dünen.

in der Mitte und am Ende des Bohlenweges – den Zugang zum Sandstrand am offenen Meer. Hier kann man im warmen Wasser der Northumberland Strait wunderbar baden. Zwischen diesen Zugängen ist die Düne jedoch zu ihrem Schutz durch einen Maschendrahtzaun vom Badestrand abgetrennt. An der dem Land zugewandten Seite der Nehrung wird sie zur Salzmarsch, die infolge der Gezeiten regelmäßiger Überflutung ausgesetzt ist.

Entlang des Weges stehen Tafeln, die jeweils die Besonderheiten von Geografie, Flora und Fauna in dieser Dünenlandschaft erläutern. Symboltier des Parks ist übrigens der Great Blue Heron (Kanadareiher), dem auch eine der Tafeln gewidmet ist. Eine Wiese am Eingangsbereich des Parks bietet schattige Picknickplätze unter Bäumen und Büschen.

Wer noch mehr Schatten sucht, findet ihn im unweit gelegenen Arboretum zwischen Chemin du Couvent (Route 475) und

Zweisprachige Informationstafeln

Mascogne River. In diesem friedvollen Naturpark mit Bänken, Spazier- und Radwegen, der von einer niedrigen Steinmauer eingerahmt wird, ist nicht nur eine große Vielfalt verschiedenartiger, teils ungewöhnlicher Bäume aus der nördlichen Hemisphäre anzutreffen, sondern auch ein zauberhafter Blumengarten.

An der südlichen Seite des Bouctouche River wird die traditionelle Kultur der akadischen Einwohner im Park Pays de la Sagouine, der Nachbildung eines historischen Dorfes auf einer winzigen Insel inmitten der Stadt, demonstriert. Dort werden im Sommer Szenen nach Stücken und Erzählungen der bekannten Autorin Antonine Maillet aufgeführt, die in Bouctouche geboren wurde.

Über die Düne von Bouctouche

INFO

Lage: Bouctouche liegt 45 Kilometer südlich vom Kouchibouguac National Park an der Ostküste von New Brunswick.

Anfahrt:

- Zur Düne: Über Route 11 (bzw. Parallelstraßen näher an der Küste) auf Route 475 ans Meer, dort auf das halbrunde Schild „La Dune de Bouctouche" mit dem Kanadareiher achten.
- Das Arboretum liegt an Route 475 am Bouctouche River, ca. 250 Meter östlich der Einmündung der Route 134.
- Pays de la Sagouine erreicht man von Route 134 gleich südlich der Flussmündung auf einer ausgeschilderten Zufahrt Richtung Westen, *sagouine.com*

Unterkunft: Auberge Vue d'la Dune, nahebei, *aubergevuedeladune.com*

Camping: Bouctouche Baie Chalets & Camping, nördlich der Düne, *bouctouchecamping.com*

24. Cape Maringouin: Wirklich abseits aller Touristenziele

Manchmal lohnt es sich, ohne besondere Erwartungen Nebenstraßen zu befahren und sich überraschen zu lassen. Bei der Umrundung der Halbinsel, an deren Spitze Cape Maringouin liegt, kann man die verlassene Ortschaft Slack's Cove, eine seltene Vogelart und anderes mehr entdecken.

Die Halbinsel trennt zwei kleine Buchten der Bay of Fundy voneinander: das Cumberland Basin und die Shepody Bay, an deren gegenüberliegender Seite die berühmten Hopewell Rocks liegen. Zum Cape Maringouin fährt man von der Route 935 geradeaus

Raue Küste am Cape Maringouin

auf die Lower Rockport Road. Etwa zwei Kilometer nach dem Abzweig führt sie bei Pecks Cove über eine Eisenbrücke. Der Blick über das kleine Flusstal ist sehenswert. Bei Ebbe besteht das Flussbett aus braunem Schlamm und Schlick, wie man es von anderen Gezeitenflüssen in Atlantik-Kanada kennt. Linker Hand hat man einen weiten Blick in das Cumberland Basin und nach Nova Scotia am gegenüberliegenden Ufer.

Hinter Rockport, einem 1763 von Baptisten aus Massachusetts gegründeten und jetzt verlassenen Ort, gelangt man nach Slack's Cove – ein ebenfalls aufgegebenes Baptistendorf. Hier liegt, wie im gegenüberliegenden Joggins in Nova Scotia, eine bekannte Fossilien-Fundstätte. Fossilien darf man aber auch hier nicht sammeln – es gilt: „Take only pictures, leave only footprints!" Die Schönheit der Landschaft lässt sich wie überall an der Bay of Fundy besonders bei niedriger Tide genießen. In Slack's Cove ist der Abstieg zum Meeresboden bei Ebbe und trockenem Wetter mit einigem Geschick machbar, doch sollte man dabei immer die Flut im

Stahlbrücke bei Pecks Cove

Gedenkstein für ein verlassenes Baptistendorf

Auge behalten. Mit etwas Glück lassen sich auf Bruchstücken der schräg aus der Steilküste herausragenden Sandsteinplatten Fossilien ausmachen, meist Abdrücke und Reste von Pflanzen. Slack's Cove gehört übrigens wie die ganze Landspitze zum UNESCO Fundy Biosphere Reserve.

Von hier aus kann man sich zu Fuß auf einem Pfad durch den Wald weiter zum Cape Maringouin durchschlagen. Das lohnt sich besonders bei Ebbe, da dann auf dem Meeresboden am Kap bemerkenswerte Felsstrukturen und Gesteinsschichten zu sehen sind.

Rastende Sandstrandläufer

Ende Juli/Anfang August gibt es an den Ufern der Halbinsel eine besondere Attraktion zu beobachten. Hier versammeln sich Semipalmated Sandpiper (Sandstrandläufer) zu Hunderttausenden, um sich Kraftreserven für den weiten Flug nach Südamerika anzufuttern, wo sie den Winter verbringen. Ihre Brutgebiete liegen in den subarktischen Regionen Nordamerikas. Den Extremflug machen die Sandstrandläufer mehrfach während ihres Lebens. Beim Kontrollieren eines beringten Vogels in New Brunswick konnte sein Alter mit erstaunlichen 14 Jahren bestimmt werden. Bei ihrem Aufenthalt auf der Halbinsel sind die Vögel unentwegt in großen Schwärmen entlang der Strände unterwegs, um im Schlick nach Kleinstlebewesen zu suchen, wobei sie manchmal wie auf Kommando zu Hunderten oder Tausenden auffliegen, um sich ein Stück weiter wieder niederzulassen. Sieht man hier Leute mit Stativen und Fernrohren, dann sind diese phänomenalen Vögel nicht weit. Im Johnson's Mill Shorebird Interpretive Centre auf der Westseite der Halbinsel kann man sich nach den besten Beobachtungsmöglichkeiten erkundigen.

INFO

Lage: Cape Maringouin liegt 28 Kilometer südwestlich von Sackville an der Bay of Fundy.

Anfahrt: Von Sackville auf Route 935 nach Südwest. Nach etwa 20 Kilometern biegt diese nach rechts ab, doch nach Slack's Cove und zum Kap fährt man geradeaus auf der Lower Rockport Road.

Hinweis: Das Johnson's Mill Shorebird Interpretive Centre liegt an Route 935 auf der Westseite der Halbinsel ca. acht Kilometer südlich von Dorchester, *natureconservancy.ca/en/where-we-work/new-brunswick/featured-projects/bay-of-fundy/johnsons_mills.html*

Unterkunft: Marshlands Inn, Sackville, *booking.com/hotel/ca/marshlands-inn.de.html*

Camping: Murray Beach Provincial Park, 55 Kilometer von Sackville entfernt nahe der Confederation Bridge, *parcsnbparks.info/en/parks/murray-beach-provincial-park-2020167*

25. FORT BEAUSÉJOUR ODER FORT CUMBERLAND: FRANZOSEN UND BRITEN IM STREIT

Wo New Brunswick an Nova Scotia grenzt, bieten die Ruinen einer sternförmigen Befestigungsanlage einen Ausflug in 270 Jahre Geschichte. Zudem hat man einen weiten Rundblick über die Bay auf Fundy und das Tantramar-Marschland.

Das Fort wurde 1751/52 von den Franzosen errichtet, um die hier nur etwa 20 Kilometer breite Landbrücke zwischen Bay of Fundy und Atlantik zu kontrollieren. Doch dann kamen die Briten; 1755 schlugen sie die Franzosen in der Schlacht um Fort Beauséjour, übernahmen es und nannten es Fort Cumberland. Damit waren die Auseinandersetzungen aber nicht beendet. Schließlich kam es 1776 zur Schlacht um Fort Cumberland; die Briten blieben Sieger – und Nova Scotia bis zur Gründung Kanadas 1867 britisch. In Anerkennung der wechselvollen Geschichte heißt das Fort heute offiziell: Fort Beauséjour – Fort Cumberland National Historic Site of Canada.

Museum am Fort Beauséjour

Wer heute auf den grasbewachsenen Wällen des Forts steht und sich umsieht, erkennt sofort die strategische Bedeutung des Ortes auf einem Hügel über der Bay of Fundy – obwohl auf dem Highway, dem selten befahrenen Eisenbahngleis oder über das Meer heute keine Feinde mehr zu erwarten sind. Außer den Erdwällen sind noch weitere Teile der Festungsanlage erhalten. In einem aus Natursteinen errichten Gebäude befindet sich ein Museum. Ob Gefäße und Waffen der Mi'kmaq, historische Karten, Lagepläne und Gemälde, bei Ausgrabungen gefundenes

Mauerreste des Forts

Kollektion von Kanonen

Geschirr und andere Alltagsgegenstände der französischen und britischen Einwanderer – man kann hier vieles über die Geschichte der Region und ihrer Bewohner wie auch über das Leben im Fort erfahren.

An mächtigen Kanonen vorbei führt der Weg in das Fort. Man sollte unbedingt die unterirdischen Räume besichtigen, um eine Vorstellung von der ursprünglichen Größe und Widerstandsfähigkeit der Anlage zu bekommen. Davon künden auch die teils mit schmalen Schießscharten versehenen dicken Mauern, die durch Erdwälle verstärkt waren und so der Artillerie der jeweiligen Feinde besser standhalten konnten. Farbige Schautafeln vermitteln Einblicke in verschiedene Zeitphasen und die jeweiligen Auseinandersetzungen um das Fort. Mit der bildlichen Darstellung der nicht mehr vorhandenen Gebäude samt Soldaten und Bewohnern illustrieren sie das Verständnis für die historischen Vorgänge.

Besonders mit Kindern und natürlich bei schönem Wetter kann man hier problemlos zwei bis drei Stunden verbringen – oder sogar wie im 18. Jahrhundert in einem Soldatenzelt nächtigen.

In den Katakomben des Forts

Historisierende Darstellung eines Überfalls auf das Fort

INFO

Lage: Fort Beauséjour – Fort Cumberland liegt zehn Kilometer südöstlich von Sackville in Aulac.

Anfahrt: Wo Route 16 auf den Highway 2 stößt – an dessen Exit 5138 – fährt man der Ausschilderung folgend auf der Fort Beauséjour Road knapp einen Kilometer nach Südwesten.

Öffnungszeiten: Museum Ende Juni bis Anfang September täglich 9-17 Uhr

Eintritt: 3,90 CAD, bis 17 Jahre frei. Das Außengelände ist ganzjährig zugänglich, außerhalb der Saison ohne Service und ohne Eintritt.

Website: *pc.gc.ca/en/lhn-nhs/nb/beausejour*

Unterkünfte:
- Indian Point Motel, Port Elgin, *indianpointmotel.com*
- weitere Möglichkeiten in Port Elgin oder in Sackville

Camping: Strang's Shore Camping, 48 Kilometer entfernt, nahe der Confederation Bridge, *facebook.com/Strangs-Shore-Camping-1420004574940415*

Prince Edward Island (PEI) – Von der Confederation Bridge zur Wood Islands Ferry

Bei Kildare Capes

Prince Edward Island

26. Seacow Head: Leuchtturm mit Brückenblick
27. Stompin' Tom Connors: Eine kanadische Legende
28. Kildare Capes mit versteckten Schätzen
29. Bei den Mi'kmaq auf Lennox Island
30. Schiffbau auf PEI: Green Park Shipbuilding Museum und die Familie Yeo
31. Teapot Rock am Thunder Cove Beach
32. Cape Tryon mit Leuchtturm und Vogelfelsen
33. Abseits des Highways: Victoria-by-the-Sea
34. Skmaqn–Port-La-Joye–Fort Amherst: National Historic Site mit ungewöhnlichem Namen
35. Zeitreise ins 19. Jahrhundert: Das Orwell Corner Historic Village
36. Selkirk Heritage and Cultural Centre: Schotten auf PEI
37. Der Leuchtturm von Point Prim
38. Glenaladale: Ein Museum noch im Werden
39. North Lake: Geschäftiger Fischereihafen im Nordosten von PEI
40. Basin Head: Ehemals Fischereihafen – heute Touristenattraktion
41. Roma at Three Rivers: Ein Handelsposten von 1732
42. Knox's Dam Falls
43. Panmure Island ganz im Osten von PEI
44. Kings Castle: Ein Paradies für Kinder
45. Cape Bear Lighthouse & Marconi Museum

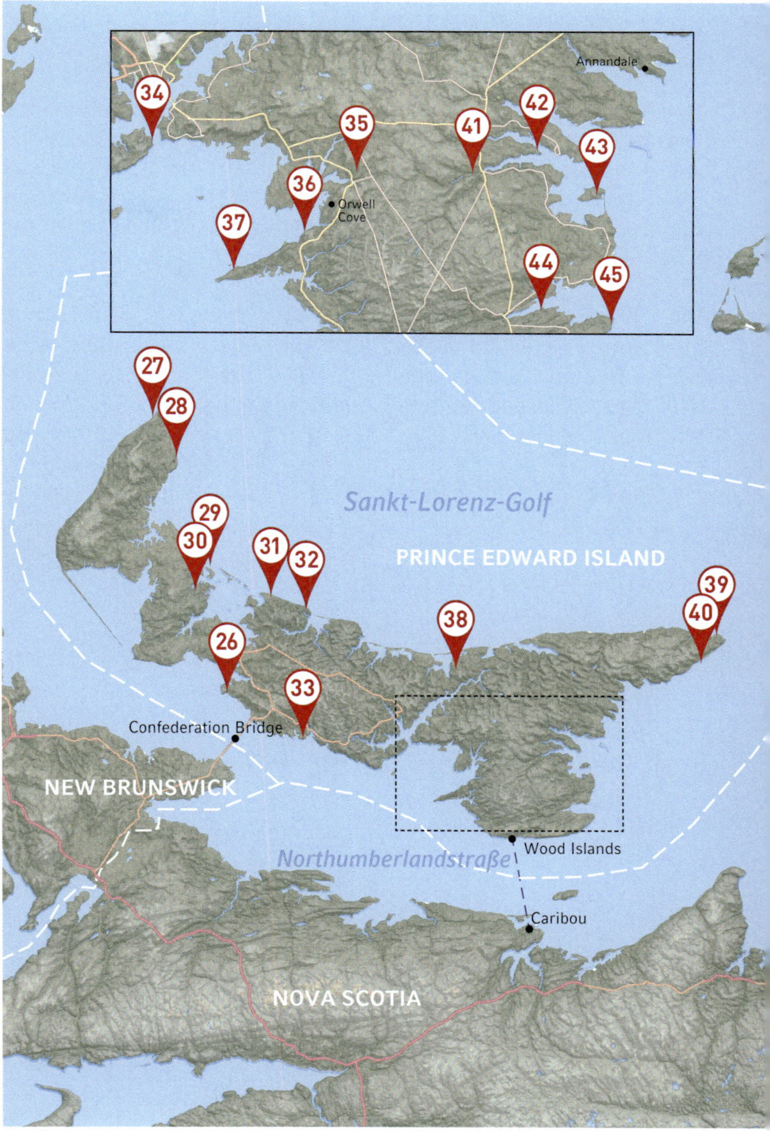
Annandale
34
35
41
42
43
36
Orwell Cove
37
44
45
27
28
Sankt-Lorenz-Golf
29
30
31
32
PRINCE EDWARD ISLAND
39
40
38
26
33
Confederation Bridge
NEW BRUNSWICK
Wood Islands
Northumberlandstraße
Caribou
NOVA SCOTIA

26. Seacow Head: Leuchtturm mit Brückenblick

Der Name weist darauf hin, dass es hier im Süden von Prince Edward Island (PEI) einst Walrosse gegeben hat; allerdings waren sie bereits im 19. Jahrhundert ausgerottet. Erst etwas über zwei Jahrzehnte alt hingegen ist die Confederation Bridge, die PEI mit dem Festland verbindet – zuvor gab es nur Fährverbindungen.

Die zahlreichen Walrosse im Sankt-Lorenz-Golf, von denen die Europäer vor 400 Jahren berichtet hatten, waren bereits im 19. Jahrhundert wegen schonungsloser Überjagung verschwunden. Ihr natürliches Verhalten, sich regelmäßig an den gleichen Plätzen zu versammeln, um zu rasten und ihre Jungen zur Welt zu bringen, wurde ihnen zum Verhängnis. Die Jäger hatten ein leichtes Spiel. Abgeflachte Felsen wie bei Seacow Head boten damals

Leuchtturm am Seacow Head

Angler im Abendlicht

offenbar einen geeigneten Ruheplatz für die Walrosse. Heute künden nur noch Ortsbezeichnungen von der Anwesenheit der Meeressäuger, die man einst volkstümlich als „Seekuh" bezeichnete.

Aufgrund des zunehmenden Schiffsverkehrs wurde 1864 ein Leuchtturm auf dem Landvorsprung, in günstiger Lage an der engsten Stelle der Northumberland Strait, errichtet. Er ist einer der ältesten in den Maritimes, besteht aus Holz, ist über 18 Meter hoch und hat einen achteckigen Grundriss. Seit 1959 arbeitet er automatisch; ein einst daneben stehendes Leuchtturmwärterhaus wurde abgerissen. Wegen der fortschreitenden Erosion der Küste musste der Turm 1979 etwas zurück auf den jetzigen Platz versetzt werden. Nun steht er malerisch vor einem Fichtenwäldchen am Rand einer flachen Wiese über der Steilküste. Weiter vorn am Ufer kann man fast zusehen, wie der weiche rote Sandstein dem Wind und den Wellen nachgibt; man sollte also nicht zu dicht an die Abbruchkante gehen. Dieser Platz am Seacow Head bietet einen schönen Rundblick über die Northumberland Strait. Im Osten streckt sich die 13 Kilometer lange Confederation Bridge elegant bis zum gegenüberliegenden New Brunswick.

Ganz nah, ein Stück weiter im Osten, liegt der Chelton Beach Provincial Park. Er verfügt über einen breiten Badestrand, der besonders bei Ebbe gut für Kinder geeignet ist, da das Wasser flach und ziemlich warm ist. Während der Saison ist der Strand durch Rettungsschwimmer überwacht. Der Park hat einen Spielplatz, Duschen und Toiletten. Es gibt sogar einen Verkaufsstand für Getränke und Snacks. Der Blick von hier auf die Confederation Bridge ist besonders bei Sonnenuntergang wunderschön!

INFO

Lage: Seacow Head liegt an der Südküste von PEI, westlich der Confederation Bridge.

Anfahrt: Von der Brücke über Route 10/112 nach Nordwest, auf Route 119 nach Westen Richtung Fernwood. Der Chelton Beach Provincial Park ist nur zehn Kilometer entfernt, Zufahrt über Fernwood Road und Chelton Road.

Unterkünfte:

- Briar Cliff Inn, Fernwood, *briarcliffeinn.com*
- Chelton Beach Cottages, *cheltonbeachcottages.com*

Camping: Linkletter Provincial Park, knapp 30 Kilometer entfernt bei Summerside, *tourismpei.com/pei-provincial-parks/provincial-campground-parks*

Confederation Bridge bei Sonnenuntergang

27. Stompin' Tom Connors: Eine kanadische Legende

In Skinners Pond steht das Haus, in dem der Sänger Stompin' Tom Connors aufgewachsen ist. Gleich daneben befindet sich heute das Stompin' Tom Centre, das an ihn erinnert und ihn feiert.

Stompin' Tom, eigentlich Charles Thomas Connors (1936 bis 2013), ist außerhalb Kanadas nicht gerade bekannt, dafür bei vielen Kanadiern umso beliebter. Als Kind einer jugendlichen Mutter wuchs er in ärmlichen Verhältnissen auf, zunächst bei seinen Großeltern mütterlicherseits. Im Alter von etwa fünf Jahren kam er zu Pflegeeltern in Skinners Pond. Mit 13 riss er dort aus, und für die nächsten

Museum für Stompin' Tom Connors

13 Jahre lebte er oft auf der Straße. Er lernte Gitarre spielen und begann bald, selbst Lieder zu schreiben. Durch Zufall bekam er seinen ersten Job als Musiker, als er in einer Hotelbar sein Bier nicht bezahlen konnte – als Ausgleich durfte er einige seiner Lieder spielen.

In den folgenden Jahren wurde er zu einem der erfolgreichsten, aber auch eigenwilligsten Musiker Kanadas, der wenig mit den Singer/Songwritern, wie man sie sonst aus Kanada kennt, zu tun hat. Seine Musik ist wohl dem Country zuzuordnen, aber mit einigen Einflüssen aus seiner Heimat in Atlantik-Kanada. Die Texte sind bodenständig und oft humorvoll. Sie beschäftigen sich mit dem Leben einfacher Leute, aber auch mit kanadischer Folklore und Geschichte. Einige seiner Lieder sind regelrechte Klassiker geworden, die man auch im

Stompin' Tom, eine kanadische Ikone

Ausland vielleicht schon mal gehört hat, aber nicht unbedingt mit seinem Namen verbindet. Das bekannteste ist wahrscheinlich „The Hockey Song". Es wird oft bei den Spielen der Eishockey-Liga NHL gespielt und dabei von vielen Zuschauern begeistert mitgesungen.

Stompin' Tom Connors hat während seiner Karriere etwa 30 Alben und viele Singles aufgenommen und wurde zum Gegenstand von Büchern und Dokumentarfilmen. Auch wenn man vielleicht mit seiner Musik wenig anfangen kann, nötigt sein schweres Leben Respekt ab. Er ist aus bescheidensten Verhältnissen zu Ruhm und Ehre gekommen, ohne dass er dabei die Bindung zu seiner Herkunft verloren hat.

Das Stompin' Tom Centre bietet eine interessante Ausstellung über Leben und Werk dieser „Ikone der kanadischen Musik". Man bekommt etwas zu essen, nachmittags gibt's Livemusik, mehrmals in der Woche abends Shows oder Dinner-Theater, und manchmal samstags Konzerte verschiedenartigster Musiker. Und natürlich kann man auch Stompin' Toms Platten, CDs und jede Menge Merchandising-Produkte kaufen.

INFO

Lage: Das Stompin' Tom Centre mit Homestead und Schoolhouse liegt am North Cape Coastal Drive an der Westküste PEIs.

Anfahrt: Auf Route 14 nach Skinners Pond. Das Centre liegt direkt am östlichen Straßenrand in Höhe der Stompin' Tom Road.

Öffnungszeiten: Juni bis September 11-19 Uhr

Eintritt: 10 CAD

Website: *stompintomcentre.com*

Unterkunft: Tignish Heritage Inn & Gardens, im neun Kilometer entfernten Tignish, *tignishheritageinn.ca*

Camping: Jacques Cartier Provincial Park, Kildare, etwa 20 Kilometer entfernt an der Ostseite der Halbinsel, *tourismpei.com/pei-provincial-parks/provincial-campground-parks*

28. Kildare Capes mit versteckten Schätzen

Am North Cape Coastal Drive sind bei Kildare Capes schön geformte rote Sandsteinfelsen und versteckte Sandstrände zu entdecken. Der Franzose Jacques Cartier war vor fast 500 Jahren der erste Europäer, der mit seinen Schiffen diese Küste erreichte.

Die Uferlinie von Prince Edward Island ist in ständiger Veränderung begriffen, denn sie ist rundum der Erosion durch Wind, Wellen und Gezeiten ausgesetzt. Schon ein einziger Sturm kann Teile der Küste zum Einsturz bringen. Weichere Bodenbestandteile werden vom Meer davongetragen, härterer Sandstein widersteht länger. Die stetige Arbeit von Wind, Wellen und Gezeiten, die diese übriggebliebenen Gesteinsreste unterspülen, formt Fenster oder Tore in die Felsen. Diese werden mit der Zeit größer, bis die oberen Teile einstürzen; mit der Zeit verschwinden auch die Stümpfe, und das Ganze beginnt von vorn.

Roter Sandstein – Natur oder Menschenwerk?

Die Kildare Capes im Nordwesten von PEI sind ein deutliches, aber wenig bekanntes Beispiel für diese Veränderungen. Der Zugang zu den Felsgebilden ist nicht einfach zu finden, da die Küste durch private Grundstücke zersiedelt ist.Ein Weg führt von der Route 12 aus über die William Travers Lane. Man fährt bis zur Küste, biegt kurz nach links und sofort nach rechts auf eine freie Fläche, die weder als Parkmöglichkeit noch als „Private" gekennzeichnet ist. Gleich daneben führt ein Weg hinab zum Strand – und zu dramatischen Anblicken. Bei niedriger Tide kann man nun links und rechts der Küste folgen, was nicht heißt, dass das immer trockenen Fußes möglich ist! Gleich rechter Hand ist schon von Weitem ein Felsentor zu sehen, das aber nicht immer im Trockenen steht. Der Sandstein direkt am Wasser kann sehr glitschig sein, sodass Vorsicht geboten ist. Es bleibt nun jedem selbst überlassen, entsprechend der Gezeiten auf „Entdeckungsreise" zu gehen und die verschiedenartig in den Sandstein gefrästen kleinen Höhlen, Tore und Fenster zu erkunden. Einer der Felsen mag an einen Elefanten erinnern, ein

Felsentore und Höhlen im Sandstein

Denkmal für Jacques Cartier

anderer an ein Nilpferd; die vielfältigen Formen unterstützen den freien Lauf der Fantasie.

Wem das alles zu anstrengend wird, der fährt ein kurzes Stück weiter zum Jacques Cartier Provincial Park, der an einem einfach zugänglichen, sanften Sandstrand liegt. In der Saison ist der Strand durch Rettungsschwimmer überwacht, es gibt Toiletten und einen Spielplatz. Camper können direkt im Park übernachten. Und natürlich steht hier auch ein Denkmal für den berühmten Entdecker, der vor 500 Jahren aus Frankreich an diese Küsten kam.

Überwachter Badestrand

INFO

Lage: Die Kildare Capes und der Jacques Cartier Provincial Park liegen an der Ostseite des Nordwestflügels von PEI.

Anfahrt: Auf Route 12, die parallel zur Route 2, aber nahe der Küste verläuft; von Tignish im Norden acht Kilometer, von Alberton im Süden 14 Kilometer.

Unterkunft: Driftwood Country Cottages, direkt am Meer, Anglo Tignish, *driftwood.pe.ca*

Camping: Jacques Cartier Provincial Park, *tourismpei.com/pei-provincial-parks/provincial-campground-parks*

Hinweis:

- Es empfiehlt sich, die Capes bei niedriger Tide aufzusuchen.
- Der Jacques Cartier Provincial Park liegt nur acht Kilometer südlich der Capes.

29. Bei den Mi'kmaq auf Lennox Island

Die kleine Insel in der Malpeque Bay im Nordwesten von PEI wird seit vielen Tausend Jahren von den Mi'kmaq aufgesucht; seit 200 Jahren wird sie „offiziell" von ihnen bewohnt.

Wasserturm im Mi'kmaq-Design

Lennox Island ist durch einen Damm und eine Brücke mit PEI verbunden. Schon von Weitem sieht man einen schwarzen Wasserturm mit dem Namen der Insel. Im Ort leben etwa 400 Mi'kmaq der Lennox Island First Nation, deren Chief eine Frau ist – Darlene Bernard. Die Insel ist sehr flach und dadurch besonders vom Anstieg des Meeresspiegels infolge des Klimawandels bedroht. Aktuelle Prognosen sagen voraus, dass sich ihre Fläche bis 2065 halbiert haben wird.

Der Besuch der Insel sollte im Mi'kmaq Cultural Centre beginnen, das im Kern der Ortschaft liegt. Früher war es das Wohnhaus eines Priesters der katholischen Kirche, die gleich auf der anderen Straßenseite steht. Vermutlich

Kulturzentrum

als Gegenpol hat man auf der rechten Seite des Kulturzentrums ein Tipi, einen Gedenkstein und drei Tafeln aufgestellt, die die Geschichte der Mi'kmaq auf Lennox Island kurz zusammenfassen.

Im Haus wird man von der Menge und Qualität der Ausstellungsstücke überrascht, die von der traditionellen Lebensweise, von Jagd, Handwerk und ganz besonders vom Verhältnis der Mi'kmaq zu der sie umgebenden Natur erzählen: geflochtene, teils kunstvoll verzierten Bastkörbe, farbig bemalte Trommeln, traditionell gefertigte Kleidungsstücke, historische Fotos und anderes mehr. Auffällig ist ein Birkenrindenkanu, das vollständig aus den natürlich vorkommenden Ressourcen gefertigt wurde. Kanus gaben den Mi'kmaq nicht nur bessere Möglichkeiten für Jagd und Fischfang, sondern dienten auch zum Transport, teils für weite Reisen.

Man sollte unbedingt die Gelegenheit einer Führung wahrnehmen, da über die Ausstellungsstücke hinaus viele weitere Aspekte

Birkenrindenkanu

des Lebens auf Lennox Island anschaulich erklärt werden. Beispielsweise erfährt man, dass die Mi'kmaq früher auch größere, seegängige Kanus hatten, mit denen sie Wale jagten und sogar bis nach Newfoundland reisten! Das Kulturzentrum veranstaltet auch Workshops, in denen man lernen kann, wie im Freien Muscheln geröstet und Bannocks gebacken werden oder wie eine Trommel aus Elchhaut hergestellt wird.

Ein Stück außerhalb des Ortes liegt ein lohnenswerter Wanderweg, den man selbst erkunden kann (geführte Touren gibt es auch): Der „Path of Our Forefathers" führt durch den Küstenwald bis ans Meer. Unterwegs erläutern mehrere Schautafeln, wie die Mi'kmaq ihre Nahrung, Materialien für Behausung und Kanus, für Körbe und andere Gefäße, aber auch Heilpflanzen und Farbstoffe aus der umgebenden Natur gewannen. Am Strand kann man Muscheln und Austernschalen finden. Hier erkennt man aber auch, wie die Erosion der Küste voranschreitet. Stürme entwurzeln Bäume und schaffen damit neue Angriffsflächen für Wind und Wellen. Gegenüber dem Strand liegt eine Kette von Inseln, verbunden durch eine langgestreckte Nehrung. Sie gilt als besonders erhaltenswerter Naturraum und soll im künftigen Nationalpark Hog Island Sandhills Chain geschützt werden.

Zeremonielles Objekt

Muscheln, Austernschalen und Treibholz am Strand

INFO

Lage: Lennox Island liegt an der Ostseite des westlichen Flügels von PEI unweit von Tyne Valley.

Anfahrt: Von Route 12 auf Route 163, nach etwa acht Kilometern erreicht man das Dorf.

Aktivitäten:

- Mi'kmaq Cultural Centre, 8 Eagle Feather Trail, Eintritt: Spende; *lennoxisland.com/culture-experiences*
- Ein Stück weiter befindet sich ein Craftstore mit Mi'kmaq-Kunsthandwerk (4 Eagle Feather Trail).
- Der Startpunkt des Trails Path of Our Forefathers liegt 400 Meter weiter nördlich am Eagle Feather Trail: Rundwanderweg wahlweise drei oder zehn Kilometer.

Unterkunft: Mill River Resort, 35 Kilometer entfernt abseits der Kreuzung Route 136/Route 2, *millriver.ca*

Camping: Linkletter Provincial Park, 42 Kilometer entfernt bei Summerside, *tourismpei.com/pei-provincial-parks/provincial-campground-parks*

30. Schiffbau auf PEI: Green Park Shipbuilding Museum und die Familie Yeo

Mit dem traditionsreichen Schiffbau auf PEI befasst sich ein Museum am Green Park. In einem englischen Garten nahebei kann man das herrschaftliche Wohnhaus eines Bootsbauers und Werftbesitzers besichtigen.

Schiffbau-Museum

Modell eines Traditionsseglers

Aufgrund der Insellage im Sankt-Lorenz-Golf erscheint es fast selbstverständlich, dass der Schiffbau auf PEI eine lange Tradition hat. An einer Seitenbucht der Malpeque Bay steht am Green Park Provincial Park ein modern wirkendes Holzhaus mit schön verwitterten Wandschindeln. Es beherbergt ein Museum, das an die große Bedeutung der Schiffbauindustrie für die Entwicklung von PEI und die lokale Wirtschaft erinnert. In der Ausstellung erfährt man viel über die unterschiedlichen Typen von Großseglern. Auch solche Details wie die verschiedenen Holzarten, die gemäß ihrer Eigenschaften beim Bau der Segelschiffe ihre spezifische Verwendung fanden, werden demonstriert.

Eine große Landkarte zeigt die Standorte der vielen Werften auf PEI mit der Anzahl der dort gebauten Schiffe. Man kann den Eindruck gewinnen, dass im frühen 19. Jahrhundert fast jede größere Ortschaft eine eigene Werft hatte! Um 1880 endete aber auch auf PEI die Zeit der Segelschiffe. Im Museum erinnern noch zahlreiche

Wohnhaus des Werftbesitzers James Yeo

detaillierte Schiffsmodelle an diese ruhmreiche Geschichte. Auf Schautafeln werden die Unterschiede von Konstruktion, Masten und Segeln bei Schonern, Barkentinen, Briggs oder Barken auch dem Laien verständlich erklärt.

Das Museum befindet sich in einem sehr schön angelegten englischen Garten, der früher dem erfolgreichen Werftbesitzer James Yeo gehörte. Dessen ehemaliges Wohnhaus ermöglicht einen Zeitsprung mitten in das 19. Jahrhundert. Es zeigt die Lebensumstände eines der erfolgreichsten Unternehmer dieser Zeit, der als einfacher Arbeiter aus England kam und es später in Kanada zu Wohlstand gebracht hatte. Allein 155 Segelschiffe sollen in seiner Firma gebaut worden sein. Im authentisch erhaltenen historischen Haus erlebt man die Innenräume im viktorianischen Dekor, mit bequemen Möbeln, offenen Kaminen, gusseisernen Öfen und den originalen Tapeten und Teppichen. Auch die ursprünglichen

Führung durch das Wohnhaus

Schlafräume sind erhalten; die Eichenholzbetten sind dekorativ mit handgearbeiteten Quilts bedeckt.

Die im historischen Outfit gekleideten „Angestellten" – zu denen auch Kim Ford, eine Nachfahrin von James Yeo gehört – führen kompetent durch das Haus und erklären die vielfältigen Details, die das Haus speziell machen. Sie weisen auf einige Kuriositäten hin – wie zum Beispiel auf einen doppelwandigen Tresor, der wohl einst Teile des beträchtlichen Vermögens von Mr. Yeo sicher verwahrte. In einem der

Schaukelpferd aus dem 19. Jahrhundert mit Seltenheitswert

Kinderzimmer mit alten Spielsachen ist ein ganz besonderes handgefertigtes Schaukelpferd zu sehen, das es – außer bei der Familie Yeo – nur im britischen Königshaus gegeben haben soll.

Im Herrenzimmer von James Yeo

INFO

Lage: Green Park liegt an der Ostseite des westlichen Flügels von PEI nahe dem Ort Tyne Valley.

Anfahrt: Von Route 12 folgt man in Port Hill der Green Park Road nach Norden.

Aktivitäten: Green Park Shipbuilding Museum & Yeo House, geöffnet Juni-Anfang September, Eintritt: 5 CAD, *peimuseum.ca*

Website: *peimuseum.ca/visit/green-park-shipbuilding-museum-and-yeo-house*

Unterkunft: Prince County Guesthouse, Miscouche, Kreuzung Route 2/Route 12, *princecounty.ca*

Camping: Crystal Beach Campground, 42 Kilometer entfernt in New Annan, *crystalbeachcampground.net*

31. Teapot Rock am Thunder Cove Beach

Der zentrale Norden von PEI ist für seine weiten Sandstrände bekannt, doch vielerorts reichen auch die roten Sandsteinfelsen bis ans Meer. Die Erosion hat dort seltsame Gebilde geformt, die ständiger Veränderung unterworfen sind.

Thunder Cove Beach ist ein Strand, der abseits der Hauptstraßen von PEI liegt. Man gerät dort eigentlich nicht per Zufall hin, was den Ort lange vor zu vielen Touristen geschützt hat – erst in der Zeit der Navigationsgeräte hat sich das geändert. Der Sandstrand vor einer Steilküste aus roten Felsen unterscheidet sich nicht allzu sehr von manch anderen Stränden der Provinz, doch es gibt einen versteckten Schatz zu entdecken – den Teapot Rock, eine Felsformation, die den Namensgeber einst wohl an eine Teekanne erinnert hat. Heute sieht der Felsen eher wie eine überdimensionale Kaffeetasse aus.

Zerklüftete Sandsteinküste

Die Steilküste im Umkreis des Teapot Rock ist von Wind und Gezeiten ebenfalls vielfältig erodiert – ein niemals endender Prozess. Wie Pfannkuchen aufeinandergeschichtete Felsplatten kamen zutage, und es gibt jede Menge kleine und größere Höhlen zu entdecken.

Der berühmte Teapot Rock

Viele Strukturen ähneln einander zwar irgendwie, aber unter den sich verändernden Lichtverhältnissen sieht es dann doch immer ganz unterschiedlich aus. Auch die Farbe des Sandsteins kann in Abhängigkeit vom Sonnenstand ganz verschieden wirken: mal rötlichgelb, mal dunkelrot oder fast violett, wie etwa bei starker Bewölkung und einsetzender Dunkelheit.

In der Nähe der Steilküste ist natürlich etwas Vorsicht angeraten, denn der Sandstein ist fragil, und immer wieder können auch mal größere Stücke abbrechen und zu Boden fallen. Auf keinen Fall sollte man für ein dramatisch aussehendes Foto die Felsen erklettern. Einerseits ist das gefährlich, andererseits wollen sich auch andere Besucher ungestört an den Formationen und Strukturen erfreuen.

Der Sand des Thunder Cove Beach ist fein und besonders gut für einen erholsamen Strandtag geeignet. Das Wasser ist in Ufernähe flach und meist angenehm warm, was besonders auch für kleinere Kinder ideal ist. Der Strand ist aber nicht bewacht, und es gibt keine Toiletten und Umkleideräume.

Genügend Platz für Sport und Spiel

Roter Sandstein mit Salzausblühungen

INFO

Lage: Der Thunder Cove Beach liegt im Nordwesten des zentralen Teils von PEI abseits der Route 20 in der Nähe von Darnley.

Anfahrt: Man folgt der Lower Darnley Road zwei Kilometer und biegt dort nach rechts (Nordost) in die Thunder Cove Road, wo man am Ende der Piste parken kann.

Unterkunft: Adams Beach Cottages, Darnley, nur ein Kilometer (Luftlinie) östlich, *adamsbeach.ca*

Camping: Twin Shores, Lower Darnley, nur zwei Kilometer (Luftlinie) westlich, *twinshores.com*

32. CAPE TRYON MIT LEUCHTTURM UND VOGELFELSEN

Schon seit 115 Jahren steht ein Leuchtturm am Cape Tryon, um vorbeifahrende Schiffe vor den hier weit in den Sankt-Lorenz-Golf hineinreichenden Untiefen zu warnen.

Das Kap aus rotem Sandstein ist 33 Meter hoch. Mit der zusätzlichen Höhe des Leuchtturms von zwölf Metern und der exponierten Lage des Kaps reicht der Lichtstrahl des Leuchtturms weit in den Golf hinaus. Schon auf der Anfahrt zum Kap über eine Piste aus rotbraunem Sand ragt der Turm über die für PEI so typischen Kartoffelfelder hinaus. Dahinter zeigt sich das weite Meer – an dieser Stelle sind tatsächlich alle gängigen Klischees über PEI erfüllt: rote Erde, grüne Kartoffeläcker, weiß gestrichene Leuchttürme mit roter Kappe und das blaue Meer.

Leuchtturm hinter Kartoffelfeld

Felshöhlen mit Vogelkolonie

Obwohl das Land in Privatbesitz ist, wird die Anfahrt zum Leuchtturm toleriert – solange man dabei auf dem Sandweg bleibt und nicht das Ackerland zur Umfahrung der teils tief ausgespülten Schlaglöcher nutzt. Für Camper ist diese grobe Piste ohnehin nicht geeignet, und nach starkem Regen sollte man hier besser zu Fuß unterwegs sein, um nicht mit dem Auto im Schlamm steckenzubleiben. Bei trockenem Wetter kann man aber ohne größere Probleme bis zum Leuchtturm fahren und dort parken.

Kormoran

Die Aussicht vom Kap ist wunderschön. Links und rechts zieht sich die rötliche Steilküste kilometerweit dahin. Direkt vor dem Leuchtturm kann man über Terrassen im Sandstein weiter zum Meer hinuntersteigen. Dabei ist Vorsicht geboten, denn es gibt keinerlei Sicherungen, der Boden kann locker und glitschig sein und Wind und Wellen sind an der exponierten Lage des Kaps nicht zu unterschätzen. Rechter Hand befindet sich eine weite Bucht. Am Fuß der Steilküste wurden von der Brandung kleinere Höhlen ausgespült. Über diesen befindet sich eine bekannte Vogelkolonie. Nur hier auf PEI nisten zwei Kormoranarten am gleichen Ort: der Great Cormorant (Kormoran) und der Double-crested Cormorant (Ohrenschabe). Auch die seltenen Piping Plover (Gelbfuß-Regenpfeifer) wurden hier am Cape Tryon nistend beobachtet.

In der Nähe des Kaps ist die bekannte kanadische Autorin Lucy Maud Montgomery aufgewachsen, die besonders durch ihre Jugendbücher über „Anne auf Green Gables“, die auch verfilmt wurden, weltweit berühmt wurde. In ihrem Buch „Anne in Four Winds“ beschreibt sie einen Leuchtturm (Four Winds mit Namen), der genau dem von Cape Tryon entspricht: „The Four Winds light was built on a spur of red sandstone cliff jutting out into the Gulf.“

Steilküste bei Cape Tryon

INFO

Lage: Cape Tryon befindet sich im Nordwesten des zentralen Teils von PEI nahe der New London Bay.

Anfahrt: Von Route 20 biegt man 2,5 Kilometer östlich von Park Corner auf die Cape Road, auf dieser geht es 1,4 Kilometer bis zur Cape Tryon Road; nach 900 Metern erreicht man den Leuchtturm.

Unterkunft: Montgomery Inn at Ingleside, Park Corner, *montgomeryheritageinn.com*

Camping:
- Twin Shores, Lower Darnley, *twinshores.com*
- zahlreiche, aber oft sehr volle Plätze in und um Cavendish

Hinweis: In Park Corner befindet das Anne of Green Gables Museum, eine gute Ergänzung zum vielbesuchten Green Gables Heritage Place in Cavendish!

33. Abseits des Highways: Victoria-by-the-Sea

Was für manchen Ort das „Aus" gewesen wäre, erwies sich für Victoria an der Südküste von PEI als Glücksfall: Die Planer des Trans-Canada Highway ließen den einst drittgrößten Seehafen von PEI einfach „links liegen".

Das 1819 gegründete Victoria hat sich so seinen Charme als hübsche Kleinstadt erhalten können, ohne dass die vermeintlich modernen Shopping Malls die Infrastruktur des Ortes nachhaltig zerstören konnten. Im historischen Zentrum zwischen Russell und Nelson Street bzw. Bardin und Water Street, die von Main und

Schönes Wohnhaus in Victoria-by-the-Sea

Hummerkörbe im Hafen

Howard Street in gleichgroße Rechtecke geteilt werden, finden Touristen alles, was sie im Urlaub erwarten: Hafen, Restaurants, Cafés, Museum und Galerien, Theater und Hotel. Farbig gestrichene Häuser im Schatten hoher Bäume umgeben von vielen Blumen geben dem Ort einen freundlichen Anblick. Selbst eine Buchhandlung hat sich hier – trotz Internet – halten können.

Der kleine Fischereihafen mit Leuchtturm, Fischerbooten und Stapeln von Hummer- und Krabben-Körben gibt dem Ganzen maritimes Flair. Zudem kann man noch drei weitere Leuchttürme im Ort entdecken. Auch das Stadtmarketing hat seit einigen Jahrzehnten auf das Meer gesetzt: Man nennt sich Victoria-by-the-Sea, anstatt des amtlichen Namens Victoria.

Berühmt sind das „Island Chocolates“ mit Café und Sitzplätzen im Freien und vor allem das „Landmark Oyster House“, das seit einigen Jahren zu den besten Restaurants in Kanada gezählt wird. Das Victoria Playhouse Theatre mit seinen Theatershows und Konzerten gilt als das älteste Theater in PEI.

Das Café Island Chocolates

Im Winter ist es in Victoria natürlich viel ruhiger als in der Saison. Wenn die Sommergäste sich in ihre Heimatorte zurückgezogen haben, leben nur 200 Einwohner im Ort. Mit dem nächsten Sommer wird dann wieder auf Tourismus „umgerüstet" und Wohnhäuser verwandeln sich in Unterkünfte, Andenkenläden und Galerien der lokalen Künstler.

In der Nähe von Victoria befindet sich in Bonshaw der Argyle Shore Provincial Park, der besonders bei schönem Wetter und Ebbe einen Besuch wert ist. Es gibt einen Spielplatz, Toiletten und Picknicktische. Den Strand erreicht man über eine Holztreppe; ein kleiner Wasserfall „stürzt" sich in unmittelbare Nähe von der Steilküste, die aber nicht durch Zäune gesichert ist.

Das Landmark Oyster House

Strand am Argyle Shore Provincial Park

INFO

Lage: Victoria-by-the-Sea liegt an der Südküste von PEI ca. 20 Kilometer östlich der Confederation Bridge.

Anfahrt: Vom Trans-Canada Highway 1 aus dem Osten via Nelson Street, aus dem Westen via Route 116 (Shore Road)

Unterkünfte:

- The Orient Hotel, Main Street, *theorienthotel.com*
- Blue Spruces Cottages südwestlich vom Ort, *bluesprucescottages.com*

Camping: Cumberland Cove Seaside Campground, zehn Kilometer südwestlich des Ortes, *seasidecampingpei.com*

34. SKMAQN–PORT-LA-JOYE–FORT AMHERST: NATIONAL HISTORIC SITE MIT UNGEWÖHNLICHEM NAMEN

Nahe Charlottetown liegt etwas abgelegen ein bemerkenswerter Ort. Wie der komplizierte Namen zeigt, ist er sowohl für die Mi'kmaq als auch für Nachkommen französischer und britischer Einwanderer von historischer Bedeutung.

Im frühen 18. Jahrhundert siedelten sich die ersten französischen Siedler auf der Halbinsel gegenüber dem heutigen Charlottetown an und nannten den Platz Port La-Joye. Später siedelten auch Akadier hier. Eine von den Franzosen angelegte Befestigungsanlage wurde 1758 von den Briten eingenommen, die auf den Fundamenten ihr Fort – Amherst – errichteten. Der Begriff Skmaqn aus der Sprache der Mi'kmaq bedeutet „Wartepunkt" und wurde 2018 der Bezeichnung für die National Historic Site hinzugefügt – in

Birkenrindenkanu, gefertigt von Todd Labrador

Gedenken an die Vertreibung der Akadier

Anerkennung der jahrhundertelangen Präsenz der Mi'kmaq und in Erinnerung an ihre regelmäßigen Treffen mit den Franzosen im 18. Jahrhundert.

Schon am Eingang der Gedenkstätte wird der Besucher dreisprachig begrüßt: Welcome – Bienvenue – Pjila'si. Eine Tafel am Besucherzentrum stellt das Tier der Woche vor, zum Beispiel die Schildkröte: Turtle – Tortue – Mikjikj. Man setzt hier also ganz besonders und bewusst auf die Traditionen der Mi'kmaq. Das setzt sich im Ausstellungsraum fort, der durch ein traditionell gefertigtes Birkenrindenkanu dominiert wird. Es wurde von dem bekannten Kanu-Baumeister Todd Labrador, einem Mi'kmaq aus Nova Scotia, gefertigt und trägt

den Namen Epekwitk, die Bezeichnung der Mi'kmaq für PEI. Auch dies wird auf Aufstellern in den drei Sprachen erläutert.

Kunsthandwerkliche Arbeiten der Mi'kmaq

Im weitläufigen Freigelände sind vom ehemaligen Fort nur noch einige Schanzwälle zu erkennen. Auf Erläuterungstafeln wird die Geschichte der Anlage jedoch detailliert erzählt. Das weitläufige Wiesengelände fällt zum Meer hin ab und bietet so einen weiten Rundblick bis nach Charlottetown und die umliegenden Buchten und Halbinseln. Ein großer Gedenkstein erinnert an die tragischen Deportationen von 10.000 Akadiern durch die Briten, die damit den Einfluss Frankreichs eliminieren wollten. Das gesamte Gelände ist durch gepflegte Spazierwege erschlossen. In einem Waldstück befindet sich ein Informationsstand der Mi'kmaq mit Rindenzelt, einer Schwitzhütte und einem Tisch mit Artefakten, Schmuck und

Zelt aus Baumrinde

handwerklichen Gegenständen. Die anwesenden Mi'kmaq geben bereitwillig Antwort auf alle Fragen zur Kultur und Geschichte ihres Volkes.

Leuchtturm am Blockhouse Point

Unweit der Historic Site steht am Blockhouse Point ein besonderer Leuchtturm. Das Wohnhaus des Wärters samt Obergeschoss ist hier mit dem Turm in einem Gebäude verbunden. Auch von dieser Stelle ist die Aussicht bemerkenswert, da der Leuchtturm, der seit 1962 automatisch betrieben wird, die Einfahrt in die Bucht von Charlottetown markiert. Es ist die Hauptverkehrsstrecke für Fischerei-, Handels- und Kreuzfahrtschiffe zum Hafen der Provinzhauptstadt.

INFO

Lage: Die Skmaqn–Port-la-Joye–Fort Amherst National Historic Site liegt auf einer Halbinsel südlich von Charlottetown.

Anfahrt: Über Route 19; südlich von Rocky Point biegt man auf die Blockhouse Road und nach 400 Metern links auf die Haché Gallant Lane. Das Blockhouse Point Lighthouse liegt am Ende der Blockhouse Road.

Öffnungszeiten: Das Gelände ist ganzjährig zugänglich.

Eintritt: Frei

Website: *pc.gc.ca/en/lhn-nhs/pe/skmaqn*

Unterkünfte:

- Firedance Country Inn, 16 Kilometer westlich in St. Catherines, *firedanceinn.ca*
- viele Hotels etc. in Charlottetown

Camping: Cornwall/Charlottetown KOA Camping, *koa.com/campgrounds/cornwall*

35. Zeitreise ins 19. Jahrhundert: Das Orwell Corner Historic Village

Nur eine halbe Stunde von Charlottetown entfernt bietet ein historisches Dorfmuseum Einblicke in das ländliche Leben auf PEI vor 125 Jahren. Der Besuch lohnt sich nicht nur für Familien mit Kindern.

Das Orwell Corner Historic Village ist ein lohnenswerter Stopp auf einer Rundfahrt über PEI. Den älteren Besuchern fällt es im Museum sicherlich nicht schwer, sich in die Zeit ihrer Groß- und Urgroßeltern zu versetzen, da ihnen viele der gezeigten landwirtschaftlichen Gerätschaften und Werkzeuge zumindest vom Erzählen her noch bekannt sein dürften: Apparate zum Schnitzeln von Äpfeln, zum Pressen von Saft, aber auch größere Maschinen zum Ernten von Rüben und Kartoffeln. Für die Jüngeren dürfte es umso spannender sein, den Verwendungszweck des Gezeigten zu erraten oder sich von den Angestellten, die zumeist kostümiert sind, erklären zu lassen. Darüber hinaus kann man sich auf den zahlreichen Informationstafeln auch selbst kundig machen.

Eingang zum Museumskomplex

Im weitläufigen Freigelände stehen einige historische Gebäude, die man alle besichtigen kann. Der Weg führt an Kirche und Friedhof vorbei zu einer Einklassenschule, wie es sie schon lange nicht mehr gibt. Arg zerkratzte Schulbänke – noch mit Löchern für die Tintenfässer – künden vom intensiven Gebrauch des Mobiliars. Ein großer Eisenofen inmitten des Schulraumes erinnert daran, dass an Fernheizung noch nicht zu denken war. Das Heizen wird wohl die Aufgabe des Lehrers oder älterer Schüler gewesen sein.

Traditionelle landwirtschaftliche Gerätschaften

Vorbei am Gemeindehaus gelangt man zu einem gut bestückten Dorfladen, der einst zugleich als Wohnhaus diente, aber auch kleineren Gewerken wie einer Schneiderei und einem Weber Platz bot. Für Kinder dürften die Schmiede gleich nebenan und die Farm mit Pferden, Kühen, Schafen, Ziegen, Schweinen und Geflügel besonders interessant sein. In den Schuppen sind Pferdewagen und -schlitten, sogar ein Leichenwagen und vielerlei landwirtschaftliches Gerät zu sehen.

Auf der Wiese zwischen Gemeindehaus und Schule demonstrieren Mi'kmaq ihre Kultur. Sie führen den Besuchern bei einem Rundtanz traditionelle Gesänge vor und erläutern die Herstellung von Schmuck- und Gebrauchsgegenständen in alten Handwerkstechniken – und sie beantworten geduldig alle neugierigen Fragen zu ihrem Volk und zur traditionellen Lebensweise, wohl wissend, dass es für einige Touristen der erste Kontakt mit Vertretern der First Nations ist.

Erinnerung an einen Dorfladen

Kulturbotschafter der Mi'kmaq

INFO

Lage: Orwell Corner Historic Village liegt knapp 30 Kilometer östlich von Charlottetown im Südwesten des Ostflügels von PEI.

Anfahrt: Aus Charlottetown 29 Kilometer auf dem Trans-Canada Highway 1 Richtung Ost bis zur McPhail Park Road, dort nach links (Osten) und gleich wieder nach rechts zum Gelände des historischen Dorfes. Vom Süden (Fähre) 24 Kilometer auf dem Trans-Canada Highway 1 bis zur McPhail Park Road, dort nach rechts.

Öffnungszeiten: Juni bis Oktober Mo-Fr 8:30-16:30 Uhr, im Sommer auch Sa/So

Eintritt: 9 CAD, Kinder ermäßigt

Website: *peimuseum.ca/visit/orwell-corner-historic-village*

Unterkunft: Green Gay Bulls, Vernon Bridge, *facebook.com/GreenGayBullsBnB*

Camping: Bens Lake Campground, Route 205/Route 24, *benslakepei.com*

36. Selkirk Heritage and Cultural Centre: Schotten auf PEI

Es ist etwas verwirrend, aber in Belfast auf PEI befindet sich ein Kulturzentrum, das – anders als zu erwarten – der Einwanderung von Schotten und nicht von Iren gewidmet ist.

Thomas Douglas, 5. Earl of Selkirk

Informationstafeln erklären die historischen Hintergründe.

Thomas Douglas, 5. Earl of Selkirk, ist auf vielfache Weise mit der Geschichte Kanadas verbunden. Eigentlich der siebte Sohn seines Vaters, wurde er unerwartet Erbe von Titel und Vermögen, da seine älteren Brüder noch vor dem Vater verstorben waren. Früh mit dem armseligen Leben und Schicksal der schottischen Highlander vertraut, verwendete er Einfluss und Vermögen darauf, einigen von ihnen zu einer Perspektive als Immigrant in Kanada zu verhelfen. 1803 gelangten 800 schottische Siedler nach PEI, wo sie sich als Pächter auf dem Land von Lord Selkirk ansiedeln konnten.

Diesen ersten schottischen Siedlern und ihrem Schicksal widmet sich das Selkirk Scottish Heritage and Cultural Centre in Belfast/Eldon. Im Croft House, 1972 im Stil der Häuser der damaligen

Croft House

Pächter errichtet, ist eine Ausstellung zur Geschichte der Ansiedlung der Schotten zu sehen. Es gibt ein Archiv zur Genealogie, man kann aber auch Andenken und Schmuck mit Bezug zu Schottland kaufen.

Gleich nebenan steht ein altes Holzgebäude der Church of Scotland Belle River mit Gedenktafeln zu akadischen und schottischen Siedlern. Gegenüber auf der anderen Straßenseite befindet sich ein historischer Friedhof der Akadier, auf dem auch Schotten ihren letzten Ruheplatz fanden. Weiter vorn an der Küste liegen ein Camping- und gleich daneben ein Golfplatz – mit weiter Aussicht auf die Hillsborough Bay.

Kirchengebäude aus der Immigrationszeit

Ein besonderer Höhepunkt für das Kulturzentrum sind die PEI Highland Games, die jeweils an einem Wochenende im Sommer auf den Wiesen vor dem Croft House stattfinden. Diese traditionellen und urigen Wettkämpfe mit schottischem Ursprung ziehen dann natürlich viele Neugierige und Touristen an.

INFO

Lage: Das Selkirk Heritage and Cultural Centre liegt knapp 40 Kilometer entfernt von Charlottetown im Südwesten des Ostflügels von PEI.

Anfahrt: Vom Trans-Canada Highway 1 biegt man etwa einen Kilometer südlich von Eldon (Abzweig der Straße 207 nach Belfast) nach Westen in die Selkirk Park Road.

Öffnungszeiten: Mitte Juni bis Mitte September

Unterkunft: Rachel's Motel & Cottages, Eldon, *rachelsmotelandcottages.com*

Camping: Lord Selkirk Campground, *belfasthighlandgreens.com/camping*

Hinweis: Unmittelbar angrenzend liegen der Golfplatz Belfast Highland Greens und der o. g. Campingplatz mit Pool und Kantine.

37. Der Leuchtturm von Point Prim

An der Spitze einer langgestreckten schmalen Halbinsel, die die Hillsborough Bay im Osten begrenzt und sich mehrere Kilometer weit in die Northumberland Strait reckt, liegt das Point Prim Lighthouse.

Der Leuchtturm wurde bereits 1845 errichtet und ist damit der älteste von PEI. Er unterscheidet sich von allen seinen „Kollegen", da er nicht aus Holz und vier- oder achteckig ist, sondern rund und mit Ziegeln gemauert wurde. Von außen sieht man das jedoch nicht, denn der Turm erhielt eine Verkleidung aus weiß gestrichenen Holzschindeln. In Kanada gibt es nur noch einen weiteren aus Stein gebauten Leuchtturm, der im Süden von Vancouver Island steht.

Während der Feriensaison im Sommer kann der 18,5 Meter hohe Turm auf einer steilen schmalen Treppe bestiegen werden. Von oben hat man einen weiten Blick über das umgebende Meer. Bei Ebbe lässt sich gut erkennen, dass der Meeresgrund in unmittelbarer Nähe des Kaps flach ist und damit eine Gefahr für

Zur Geschichte des Leuchtturms

Der älteste Leuchtturm von PEI

sich annähernde Schiffe darstellt. Entlang der steinernen Wände sind Bilder zur Geschichte des Turms und andere Objekte zu sehen. Seit einigen Jahren kann auch das ehemalige Haus des Leuchtturmwärters besichtigt werden. Hier sind die ehemalige Fresnel-Linse des Leuchtturms und andere Artefakte zu sehen – und man kann Ansichtskarten und Andenken erwerben.

Point Prim gehörte ursprünglich zum Landbesitz von Lord Selkirk (siehe Tipp 36, Seite 162), der diesen Ort bereits für die Errichtung eines Leuchtturmes vorgeschlagen haben soll.

Wenige Meter entfernt befindet sich das angeblich beste Seafood-Restaurant von PEI – das Point Prim Chowder House. Das Restaurant mit seiner Terrasse liegt direkt oberhalb des felsigen Strandes und bietet bei schönem Wetter ein einmaliges maritimes und kulinarisches Erlebnis. Ganz besonders natürlich bei Sonnenuntergang, wenn sich der Himmel über dem Meer im letzten Tageslicht gelbrot einfärbt.

Das Point Prim Chowder House

INFO

Lage: Das Point Prim Lighthouse liegt 50 Kilometer entfernt von Charlottetown im Südwesten des Ostflügels von PEI.

Anfahrt: Vom Trans-Canada Highway biegt man in etwa 20 Kilometer Entfernung nördlich vom Fährort Wood Islands in die Point Prim Road (Route 209).

Öffnungszeiten: Mitte Juni bis Mitte Oktober, Di-Sa, im Sommer Mo-So 10-18 Uhr

Eintritt: 5 CAD

Website: *pointprimlighthouse.com*

Aktivitäten: Das Point Prim Chowder House ist von Mitte Juni bis Ende September geöffnet, chowderhousepei.com

Unterkunft: Cliffside Inn, 40 Kilometer entfernt, östlich des Fährhafens, *cliffsideinn.ca*

Camping: Lord Selkirk Campground, *belfasthighlandgreens.com*

38. GLENALADALE ESTATE: EIN MUSEUM NOCH IM WERDEN

Glenaladale Estate, ein Landbesitz mit langer Geschichte, soll vor dem Verfall gerettet werden und eine neue Bestimmung erhalten.

An der Tracadie Bay steht an der Route 218 ein Landhaus, zu dem ein umfangreicher Grundbesitz von über 200 Hektar gehört. Ohne Hinweis auf einen lohnenswerten Abstecher würde man hier vorbeifahren. Nähert man sich dem großen, mit Ziegelsteinen gemauerten Gebäude im viktorianischen Stil, stellt man schnell fest, dass hier der Zahn der Zeit bereits kräftig genagt hat. Glücklicherweise hat sich der Glenaladale Heritage Trust der Sache angenommen und will dem Anwesen eine Zukunft ermöglichen.

Noch bespielbar!

Die Geschichte beginnt mit John MacDonald (1742 bis 1810), Laird of Glenaladale and Glenfinnan aus dem schottischen Hochland, der einen Teil seiner Ausbildung in Regensburg erhalten hatte und als einer der vielversprechendsten jungen Männer seiner Zeit galt. Er soll sieben Sprachen in Wort und Schrift beherrscht haben. Nach den verlorenen Auseinandersetzungen um die britische Königskrone bei der Schlacht von Culloden (1764) wurden die

Lebensbedingungen der Highlander in Schottland immer schwieriger, sodass sich John MacDonald 1771 entschloss, mit einer großen Gruppe Emigrationswilliger nach PEI auszuwandern, nachdem er dort große Ländereien erworben hatte. Die Geschäfte liefen wohl nicht so gut wie erwartet, sodass sich der vom Laird zum Captain gewandelte John MacDonald in der Amerikanischen Revolution auf Seiten der Kolonialmacht engagierte. In der Zwischenzeit wurde der Landbesitz von seiner Schwester verwaltet.

Das Herrenhaus

Ein späterer Nachkomme, Sir William Christopher Macdonald, hatte sein Vermögen mit Tabak gemacht und ließ 1883 das Haus, so wie es heute noch steht, für seinen Bruder bauen. Mit den Jahren kam er zur Erkenntnis, dass Tabak schädlich ist, und war daraufhin vor allem philanthropisch tätig. Als einer der reichsten Männer Kanadas war er unter anderem Finanzier der McGill-Universität in Montréal. Später gelangte Glenaladale in den Besitz der Familie McKinnon, die in der Landwirtschaft und während der Prohibition in den USA im Alkoholschmuggel tätig war. Nachdem der letzte Bewohner des Hauses in ein Altersheim übergesiedelt war, stand es leer und konnte 2018 vom Glenaladale Estate Trust erworben werden, um es als Zeugnis für die wechselvolle Geschichte von PEI zu erhalten.

Ungewöhnlicher Ofen

Das gut isolierte Haus wurde mit Kohleöfen beheizt, und durch Klappen im Gebäude konnten weitere Räume per Luftaustausch erwärmt werden. Zu den damals noch seltenen Annehmlichkeiten gehörten auch Innentoiletten, die wie heutige ökologische Komposttoiletten funktionierten. Sie waren für Familie und Diener getrennt, ebenso gab es zwei Treppenhäuser: das geräumigere für die Familie und Gäste, das andere für die Dienerschaft, die allerdings relativ komfortabel im Dachgeschoss des Hauses untergebracht war und nicht in einem Nebengebäude.

Zurzeit ist das Haus noch in einem etwas chaotischen Zustand, da die vielen mehr oder weniger gut erhaltenen Möbel und Einrichtungsgegenstände auf ihre Werthaltigkeit und Zuordnung gemäß Zeit und Funktion untersucht werden müssen. Allerdings macht das vielleicht gerade den besonderen Reiz dieses noch unfertigen Museums aus. Bis zu einem Brand im Jahr 1907 stand nahebei eine massive Scheune, die zur Zeit des Baus 1883 die größte in Kanada war. Gemäß der wichtigen Rolle, die der Bauherr der Landwirtschaft zumaß, war sie viel größer als das Wohnhaus selbst. Sie war mit diesem durch einen überdachten Gang verbunden, den man bei Sturm einfach demontieren konnte.

Klassische Textverarbeitung

INFO

Lage: Glenaladale Estate liegt 20 Kilometer nordwestlich von Charlottetown an der Tracadie Bay.

Anfahrt: Von Route 2 in Tracadie Cross auf die Blooming Point Road (Route 218) nach Norden.

Öffnungszeiten: Juli und August Mo-Fr 9:30-16:30 Uhr, sonst nach Vereinbarung.

Eintritt: Spende erwünscht

Website: *glenaladalepei.com*

Unterkunft: Bishop's Rest B&B mit Restaurant und Bäckerei, elf Kilometer entfernt in St. Andrews, *bishopsrest.ca*

Camping: Confederation Trailside Grounds, Tracadie, *confederationtrailside.com*

39. North Lake: Geschäftiger Fischereihafen im Nordosten von PEI

Ein kleiner Hafen direkt am Strand nennt sich die „Tuna Capital of the World" – die Welthauptstadt des Thunfischfangs. Angler aus der ganzen Welt kommen nach North Lake auf PEI, um hier „ihren" Thunfisch zu angeln.

Für die allermeisten heißt das aber, dass sie den Thunfisch zwar angeln dürfen, aber dann wieder freilassen müssen. „Catch and Release" nennt man das in der Fachsprache. In strenger Regulierung

North Lake im Abendlicht

durch die Behörden dürfen die Fischer Thunfische zum Verkauf nur in begrenzter Anzahl fangen. Speziell der Bluefin Tuna (Roter Thun) bringt auf den Auktionen – zumeist in Japan – zwischen zehn- und hunderttausend Dollar. Es sind aber auch schon weit höhere Preise für besonders große Fische erzielt worden.

Für die Sportfischer liegt der Reiz wohl in dem Fang eines der größten und zugleich kräftigen und wehrhaften Fische überhaupt. Auch wenn die Prozedur des Freilassens durchaus martialisch aussieht und vor allem viel Erfahrung fordert, sollen dieser Stress und eventuelle kleinere Verletzungen für die Fische nicht gefährlich sein.

Erfolgreicher Fang

Gerade im Nordosten von PEI ist die Chance groß, Thunfische zu sehen, da diese hier während der jährlichen Migration reichhaltige Nahrung finden. Als Tourist kann man auch ohne zu angeln an einer Sportfisch-Tour teilnehmen oder eine der rein touristischen Erkundungsfahrten entlang der Küste buchen.

Wenn das Meer zu rau sein sollte, kann man sich auch an den weitläufigen Stränden links und rechts vom Hafen beim Baden und Spiel erholen. Wer Glück hat, erlebt das besondere und seltene Ereignis, dass die Fischer einen Fang einbringen. Der Thunfisch wird im Hafen an Land gebracht und von Angestellten der Kontrollbehörde vermessen. Nach der Entnahme von Proben für wissenschaftliche Untersuchungen entfernt man Kopf und Schwanz des Thunfisches. Ist alles in Ordnung, wird der Rest auf Eis gelegt und für den schnellstmöglichen Versand fertig gemacht. Die

Kontrolle durch die Behörde

glücklichen Fischer können auf einen besonders hohen Verdienst hoffen! Für sie und ihre Familien bleibt immer noch genügend von dem schmackhaften Fleisch im Kopf und im Schwanz des Fisches übrig; das reicht normalerweise für einige Mahlzeiten. Der erwartete Ertrag für den Thunfisch – der Fischer bekommt natürlich nur einen Aufkaufpreis, nicht etwa das Auktionsergebnis!!! – ist allerdings wichtiger als das Fleisch zum Essen, denn er kann einen erheblichen Anteil zum Jahresumsatz und zur Deckung der nicht unerheblichen Kosten beitragen.

Gewogen und für gut befunden

Die Touristen können im benachbarten Pirates Boathouse Café auf ein Gericht mit Thunfisch hoffen oder mit einem mitgebrachten Imbiss den Sonnenuntergang am Strand genießen.

INFO

Lage: North Lake befindet sich hundert Kilometer entfernt von Charlottetown an der Nordostspitze von PEI.

Anfahrt: Man erreicht North Lake auf Route 16, sechs Kilometer westlich von East Point.

Aktivitäten: Bootstouren, *northlakecharters.com*

Unterkünfte:

- Siren's Beach Motel, Nort Lake, *sirensbeachmotel.com*
- Johnson Shore Inn, Hermannville, *jsipei.com*

Camping: All Points East Campground, North Lake, *allpointseastcampground.ca*

40. Basin Head: Ehemals Fischereihafen – heute Touristenattraktion

Basin Head liegt an einer kleinen Lagune und dem berühmten Singing Sands Beach. Schöne Badestrände gibt es auch anderswo auf PEI; eine besondere Attraktion hier ist das Basin Head Fisheries Museum, das aber leicht übersehen wird.

Im Fischerei-Museum

Der Besuch des Museums bietet zunächst eine Erholung gegenüber dem lärmigen Betrieb am Strand, der in vielem an einen überfüllten Ostseestrand erinnert, auch weil – anders als sonst auf PEI – der Sand sehr hell, eher weiß als rötlich ist.

Im Museum kann man fast alles über die Geschichte der Küstenfischerei auf PEI erfahren. Ein Schwerpunkt ist natürlich der Fang von Hummern und riesigen Thunfischen, wie er hier einst

Was man so alles zum Fischen brauchte.

betrieben wurde – und wie er heute stattfindet. Man erfährt viel über Netze, Bojen und Angelruten in beachtlicher Größe, andere Werkzeuge zum Fischfang und den Bootsbau für das Fischen in Ufernähe, unterstützt durch teils amüsante, urige lebensgroße Holzskulpturen. Exponate aus der Frühzeit der Sicherheits- und Funktechnik, einschließlich einer wunderschönen Fresnel-Linse, ergänzen die Ausstellung.

Küstenfischer

In einer anderen Abteilung informiert das Museum über das einzigartige Ökosystem der Lagune von Basin Head, in der es eine endemische und gefährdete Art von Irish Moss (Knorpeltang) gibt. Diese wird zunehmend durch eingeschleppte Green Crabs (Strandkrabben) bedroht. Dioramen und Schautafeln geben mannigfaltige Informationen zu den komplexen Zusammenhängen zwischen den Lebewesen in der und um die Lagune.

Im Außenbereich auf dem Weg zum Strand sind Fischerhütten mit Booten zu besichtigen. Der Strand ist natürlich sehr reizvoll, nicht nur wegen des schönen hellen Sands. Seinen Namen hat er von den Quietschgeräuschen, die beim Laufen hörbar werden und durch die Form und den hohen Quarzanteil der Sandkörner entstehen. Dass der quietschende Sand „Singing Sands" genannt wird, hat wohl mehr mit Touristenwerbung als mit Gesang zu tun.

Besonders für die jüngeren Strandbesucher dürfte ein Sprung von der Brücke über eine Engstelle mit Tiefwasser reizvoll sein, die sich am Übergang von der Lagune zum Meer befindet. Das je nach Gezeiten ein- oder ausströmende Wasser der Lagune hat hier oft einen äußerst kräftigen Sog, was den Spaß erhöht. Jedoch ist das Ganze nicht ungefährlich. Versuche, den Sprung von der Brücke aus Sicherheitsgründen zu verbieten, sind bisher an der Begeisterung der Badenden gescheitert. Trotz der Aufsicht von Rettungsschwimmern kommt es hin und wieder zu Badeunfällen, die aber wohl immer glimpflich abgelaufen sind – auch weil der Strand an der Lagune durch vorgelagerte Sandbänke geschützt ist, sodass man von der heftigen Strömung nicht ins offene Meer getrieben werden kann.

Wem der Strand hier zu voll ist, der kann wenige Kilometer weiter nördlich an den etwas einsameren Bothwell Beach ausweichen.

Geruhsam geht es am Boswell Beach zu.

Etwas Mut gehört dazu.

Info

Lage: Basin Head liegt an der Südseite der Nordostspitze von PEI.

Anfahrt:

- Über Route 16; man biegt zwölf Kilometer südwestlich von East Point auf die Basin Head Road.
- Zum Bothwell Beach biegt man acht Kilometer südwestlich von East Point auf die Mossey Road.

Aktivitäten: Basin Head Fisheries Museum, 336 Basin Head Road, geöffnet Anfang Juni bis Mitte September Mo-Fr 9:30-17 Uhr, Juli und August Mo-So, Eintritt 4 CAD, *peimuseum.ca/visit/basin-head-fisheries-museum*

Unterkunft: Singing Sands Inn Motel, 2518 Route 16, Basin Head, *singingsandsinn.ca*

Camping: Red Point Provincial Park nahebei, *tourismpei.com/pei-provincial-parks/provincial-campground-parks*

41. Roma at Three Rivers: Ein Handelsposten von 1732

Die National Historic Site ist die Rekonstruktion eines frühen Handels- und Fischereipostens an der Mündung dreier Flüsse, der einst durch den Franzosen Jean Pierre Roma errichtet wurde.

Der exakte Ort des damaligen Handelspostens liegt etwa hundert Meter weiter östlich auf Privatland, sodass Parks Canada den Nachbau der Ansiedlung von Jean Pierre Roma nur in deren unmittelbaren Nähe errichten konnte. Dazu kommt, dass einige der originalen Gebäudereste in den letzten 50 Jahren durch Erosion der Küste ins Meer gespült wurden. Archäologische Grabungen ergaben, dass bereits vor Ankunft der Europäer die Mi'kmaq an dieser Landspitze lebten.

Rekonstruktion eines Handelsposten

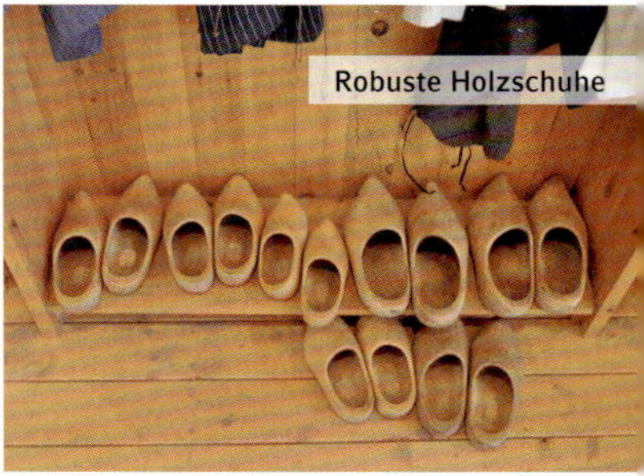
Robuste Holzschuhe

In der Ausstellung

1732 bestand der Handelsposten von Jean Pierre Roma, der hier auch Fischerei betrieb, aus etwa zehn größeren Häusern. Archäologen konnten mehrere der Gebäude identifizieren: das Verwaltungshaus, einen Speicherkeller, eine Schmiede, ein Wohnhaus für Angestellte und Besucher, ein Kühlhaus und andere Gebäude, deren Nutzung nicht immer zu bestimmen war. Neben den Gebäuden gab es auch mehrere Gärten.

Die Anlage existierte bis 1745, als die Engländer das Fort Louisbourg auf Cape Breton eroberten. Im Zusammenhang mit der britischen Übernahme der ganzen Île Saint-Jean, wie Prince Edward Island von den Franzosen genannt worden war, wurde Romas Handelsposten zerstört und das Land lange Zeit nicht mehr bebaut. Erst im 19. Jahrhundert verpachteten es die britischen Eigentümer.

Später verkauften sie es an eine Familie MacDonald, die das Land wieder kommerziell für Handelsgeschäfte und den Bau von Booten nutzte. Ein Sohn dieser Familie war übrigens Andrew Archibald Macdonald, einer der Gründungsväter der kanadischen Confederation und für einige Jahre auch Lieutenant Governor von PEI.

Der heutige Museumskomplex besteht aus mehreren Gebäuden in der Bauweise des 18. Jahrhunderts, einer Fischstation, einem funktionstüchtigen holzbefeuerten Backofen und einem mit Holzlatten umzäunten großen Garten in der für französische Nutzgärten des 18. Jahrhunderts typischen Anlage. Mit etwas Fantasie lässt sich ein Eindruck von der hiesigen Lebensweise vor 280 Jahren gewinnen. Man sollte unbedingt ans Ufer treten, den vorbeifahrenden Booten zuzusehen und versuchen, sich in die Zeit von Jean-Pierre

Hier wird noch Brot gebacken.

Roma zurückzuversetzen, als er und seine Leute hier auf Handelsschiffe mit Waren und Briefen aus dem fernen Europa warteten.

Das umliegende Land ist durch drei Naturwanderwege unterschiedlicher Länge erschlossen, die vor allem durch Buschland und Wald führen; kleine Abstecher erlauben auch Blicke auf die Mündung des Brudenell River. Am drei Kilometer langen River Trail kann man eine Trockensteinmauer sehen, die einst ein Feld begrenzte, doch das hat sich die Natur längst zurückgeholt.

Bootslandeplatz

INFO

Lage: Roma At Three Rivers liegt im Osten von PEI an der Northumberland Strait in der Nähe von Montague.

Anfahrt: Von Route 4 biegt man nördlich von Montague auf Route 319, wo man nach wenigen Kilometern auf die Roma Point Road stößt, der man 2,5 Kilometer folgt.

Öffnungszeiten: Ende Juni bis Ende September, 11-17 Uhr

Eintritt: 5 CAD

Website: *roma3rivers.com*

Unterkunft: Rodd Brudenell River Resort, Brudenell, *roddvacations.com/hotels/rodd-brudenell-river*

Camping: Brudenell River Provincial Park, *tourismpei.com/pei-provincial-parks/provincial-campground-parks*

42. KNOX'S DAM FALLS

Von einem ehemaligen kleinen Wasserkraftwerk bei Montague sind ein Mini-Stausee mit Damm und eine Lachstreppe übriggeblieben; zusammen mit einem kleinen Wasserfall ein überraschend lauschiger Ort zum Entspannen.

Die Geschichte der Gewinnung von Elektroenergie mittels Wasserkraft begann 1880 in England. Zunächst im kleineren Maßstab gebaut, dauerte es in Kanada bis 1896, ehe das erste Großkraftwerk an den Niagara Falls eröffnet wurde. Das kleine Wasserkraftwerk

Staustufen mit Wasserfall

bei Victoria Cross hat das nahe gelegene Montague noch bis zur Mitte des 20. Jahrhunderts mit Strom versorgt.

1852 war hier ein Teil des Montague River aufgestaut und für den Antrieb einer Getreidemühle genutzt worden. Doch mit dem steigenden Strombedarf Jahrzehnte später wurde der Mühlenbetrieb eingestellt. Den Stausee und einen vergrößerten Damm nutzte man ab 1917 für ein Kraftwerk. Der Techniker für die Überwachung der Anlage wohnte damals im Haus gleich nebenan, das heute als B&B genutzt wird. Im Laufe der Zeit wurde das Kraftwerk durch einen weiteren Damm vergrößert. Als 1955 die Turbine endgültig

B&B am Wasserfall

ausfiel, ersetzte man sie nicht mehr – seitdem wird der Strom für Montague und Umgebung über eine Fernleitung geliefert.

Vom Kraftwerk ist heute nur noch der erste Damm mit Stausee und einem mehrstufigen Wasserfall erhalten, der im unteren Bereich in natürliche Kaskaden übergeht. Eine später gebaute Lachstreppe ermöglicht den Fischen – sehr zur Freude der Angler – den bequemeren Aufstieg im Montague River. Obwohl die Knox's Dam Falls natürlich nicht so beeindruckend sind wie andere, weit größere Wasserfälle, lohnt es sich, diese Anlage zu besuchen. Die friedliche Atmosphäre, die unterschiedlichen und beruhigenden

Blick auf den Damm

Geräusche des Wassers an den verschiedenen Becken und Stufen, vor allem aber auch die schönen Lichtreflexe und Spiegelungen an den Fällen bieten ausreichend Gründe für einen Stopp und vielleicht ein Picknick. Darüber hinaus kann man zu den Zeiten des Fischaufstiegs den Forellen und Lachsen bei ihren Bemühungen zusehen, ihre Laichorte zu erreichen. Am gegenüberliegenden Ufer führt ein 1,7 Kilometer langer Wanderweg entlang, der Keith Mill Nature Trail, der schöne Blicke auf den Fluss, den Stausee und die Kaskaden ermöglicht. Besonders reizvoll ist der Platz im Herbst zur Zeit der Laubfärbung.

Fischtreppe

INFO

Lage: Nahe Montague im Osten von PEI

Anfahrt: In der Ortsmitte von Montague biegt man von Route 4 unmittelbar nördlich der Brücke nach Osten auf die South Montague Road (Route 353) und folgt ihr ca. zwei Kilometer bis zur Kreuzung mit der Campbell Road (Route 320); gleich hinter der Kreuzung ist rechts eine Parkmöglichkeit am Verteilerkasten von Canada Post; hier beginnt der Weg hinab zum Fluss.

Website: *historicplaces.ca/en/rep-reg/place-lieu.aspx?id=12038*

Unterkunft: Lanes Riverhouse Inn, Montague, *lanesriverhouseinn.com*

Camping: Brudenell River Provincial Park, *tourismpei.com/pei-provincial-parks/provincial-campground-parks*

43. Panmure Island ganz im Osten von PEI

Der älteste Holzleuchtturm von PEI steht auf einer Insel, die früher nur bei Ebbe durch eine schmale Sandbank mit PEI verbunden war. Heute führt eine Straße über einen künstlich angelegten Damm, parallel zu einem schönen Strand.

Am Strand von Panmure Island

Der Damm – aber nicht die Insel! – gehört zum Panmure Island Provincial Park. Die Insel ist besonders wegen des ersten hölzernen Leuchtturms von PEI besuchenswert – und der Park wegen des langen Strandes. Der aus Holz erbaute oktogonale Turm steht seit 1853 auf einem gemauerten Fundament und macht hier vorbeifahrende Schiffe auf die Untiefen und Sandbänke im Umkreis der Insel aufmerksam. Seitdem die Sanierung des Turms in den letzten Jahren weitgehend abgeschlossen ist, kann er auch wieder bestiegen werden. Gekrönt wird er von einer zwölfseitigen gusseisernen Laterne, die im Kontrast zu den strahlend weißen Holzschindeln leuchtend rot angestrichen ist. 1908 wurde der Turm mit einem Nebelhorn ausgestattet, und seit 1985 arbeitet er automatisiert.

Der Leuchtturm nach Renovierung

Der Strand wird in der Saison bewacht.

Das Umfeld des Leuchtturms ist eine liebevoll gestaltete Grünanlage mit Bänken und Pavillon. Da die Ufer hier steil abfallen, wurden sie mit einem Zaun gesichert. Ein kleiner Shop im Erdgeschoss des Turms bietet Souvenirs an. Über eine steile Treppe gelangt man zu einer maritimen Ausstellung mit Bibliothek in der zweiten Etage. Von der Spitze des Leuchtturms hat man einen schönen Ausblick – leider allerdings hinter Plexiglas – auf Panmure Island und den langen Strand entlang des Damms.

Panmure Island ist erst seit gut 200 Jahren von Europäern bewohnt. Die ersten Siedler aus Übersee war ein Schotte namens John MacDonald mit seiner Familie. Die Mi'kmaq hingegen haben hier schon seit vielen Hundert Jahren gelebt und vor allem Venus-

und Miesmuscheln gesammelt. Auch um an ihre lange Anwesenheit in der Region zu erinnern, findet jährlich Mitte August das Panmure Island Powwow statt, an dem nicht nur Tänzer aus PEI teilnehmen. Besucher sind bei solchen Kulturveranstaltungen immer willkommen. Wenn man die Möglichkeit hat, sollte man seinen Besuch der Insel so wählen, dass man sich dieses besondere Ereignis nicht entgehen lässt.

Kulturelles Erbe

Der feine Sandstrand der Nehrung, die die Halbinsel mit dem Festland verbindet, ist hell, fast weiß, im Gegensatz zum roten Sand in der Nähe des Leuchtturms. Im Sommer ist das Wasser hier relativ warm. Am Rand ist das Wasser flach und gut für kleine Kinder geeignet, weiter draußen kann man auch schwimmen. Im zentralen Bereich des Provincial Park wird der Strand von Rettungsschwimmern überwacht. Hinter der Düne befinden sich ein Spielplatz, Umkleideräume und Toiletten sowie ein kleines Restaurant. Bei rauem Wetter kann man an einem zweiten, windgeschützten Strand mit noch wärmerem Wasser an der Innenseite der St. Mary's Bay ausweichen.

INFO

Lage: Panmure Island liegt 20 Kilometer östlich von Montague im Südteil der Ostküste von PEI.

Anfahrt: Auf Route 17 bis Gaspereaux, dann weiter auf Route 347 bis zum Park.

Aktivitäten: Leuchtturm, geöffnet Mitte Juni bis Mitte Oktober, Eintritt 5 CAD

Unterkunft: Maplehurst Properties B&B, Panmure Island, *maplehurstproperties.com*

Camping: Panmure Island Provincial Park, *tourismpei.com/pei-provincial-parks/provincial-campground-parks*

44. Kings Castle: Ein Paradies für Kinder

Im Kings Castle Provincial Park steht das Abenteuer und der Spaß fast ausschließlich für Kinder im Mittelpunkt.

Im Kinderparadies

Der Kings Castle Provincial Park ist für Familien mit Kindern der ideale Platz, den Kleinen einmal ausreichend Zeit zum Spielen, Erkunden und zum Austoben zu geben, was bei einer Urlaubsreise ja oft zu kurz kommt.

Gleich hinter dem Parkeingang wird man in einem von hohen Bäumen bestandenen Bereich von einer überdimensionalen Gans begrüßt, die wohl gerade ein goldenes Ei legt. Die gibt es schon in einer

Spielanlage für alle Altersgruppen

Fabel von Äsop und danach in vielen weiteren Märchenvarianten wie zum Beispiel in „Mutter Gans und das goldene Ei“. Weiter folgen andere Figuren wie etwa eine Hirschkuh und ein übergroßes Kaninchen, jeweils dunkelbraun mit weißem Bauch, und wie die Gans aus Beton gefertigt.

Die Gans mit dem goldenen Ei

Der Park bietet eine ungewöhnliche Vielfalt an Spielmöglichkeiten für Kinder aller Altersgruppen. Dazu gehören ein hölzernes Fort mit Spiel- und verschiedenartigen Klettermöglichkeiten für die größeren Kinder, bis hin zu Rutschen, Karussell, Schaukeln und Sandkästen zum Buddeln für die Kleinen. Direkt am Flussufer befindet sich dazu noch ein von Rettungsschwimmern überwachter

Sandstrand mit Umkleidekabinen, sodass sowohl die Kinder als auch ihre Eltern bei schönem Wetter baden (oder planschen) können.

Dazu gibt es Picknicktische, sogar eine überdachte Küchenzeile und natürlich sanitäre Einrichtungen, um die lieben Kleinen nach dem Toben und Herumtollen wieder in einen ansehnlichen Zustand zu bringen.

Rutsche für die Kleinen

In einem „Märchenwald" führen gewundene Wege zum Holzhaus der drei Schweinchen – und der böse Wolf ist natürlich auch nicht weit – bekannt aus dem englischen Märchen, das von Disney verfilmt wurde. In der Nähe eines weiteren bunt gestrichenen Holzhäuschens spaziert eine Bärenfamilie mit Wanderstöcken aufrecht in menschlicher Kleidung mitten auf dem Waldweg. Das ist wohl ein Bezug auf ein weiteres englisches, auch in Kanada bekanntes Märchen, das es in verschiedenen Varianten gibt – unter anderem als „Die drei Bären".

Auf jeden Fall ist der Kings Castle Provincial Park ein toller Spaß für alle, die mit Kindern unterwegs sind, und eine gute Gelegenheit zur ausführlichen Spielpause und zum Picknick.

Märchenfiguren

INFO

Lage: Der Kings Castle Provincial Park liegt unweit von Murray River an der Mündung des gleichnamigen Flusses in Gladstone.

Anfahrt: Von Route 4 biegt man in Murray River auf die Gladstone Road (Route 348) und erreicht nach knapp vier Kilometern den Park.

Öffnungszeiten: Mitte Juni bis Mitte September

Eintritt: Frei

Website: *tourismpei.com/provincial-park/kings-castle*

Unterkunft: Forest and Lake B&B, nur drei Kilometerentfernt an der Fox River Road, *forestandlakepei.com*

Camping: Somers by the Beach Campground in Gladstone, *somerscampground.com*

45. Cape Bear Lighthouse & Marconi Museum

Der hübsche kleine Leuchtturm am Cape Bear hat eine ganz besondere Geschichte aufzuweisen, bei welcher der Untergang der Titanic eine Rolle spielt.

Auf Cape Bear steht ein 12,4 Meter hoher Leuchtturm von 1881. Infolge der Erosion der Küste musste er bereits 1947 den Standort wechseln, und ein zweites Mal 2015, als er in 150 Meter Entfernung vom alten auf seinen aktuellen Platz umgesetzt wurde. Dort erhielt er nicht nur einen neuen Anstrich, sondern auch die Außenanlagen

Steilküste bei Cape Bear

Leuchtturm in groß und klein

wurden umgestaltet. Besucher sind durch einen Zaun vor der steil abfallenden Küste gesichert, Picknicktische und Spielmöglichkeiten für Kinder laden zum Verweilen ein, und es gibt gute Parkmöglichkeiten.

Unweit davon steht noch an seinem ursprünglichen Platz ein kleines Gebäude, das an die ehemalige Marconi Station erinnert, die sich von 1905 bis 1922 dort befand. Guglielmo Marconi war ein italienischer Elektroingenieur und Erfinder, der die technischen Grundlagen für die drahtlose Nachrichtenübertragung entwickelt hatte, wofür er 1909 gemeinsam mit dem deutschen Physiker Ferdinand Braun den Nobelpreis erhielt.

Erinnerung an die Marconi-Station

In der Nacht des 14. April 1912 hörte der Funker der Marconi Station von Cape Bear, Thomas Bartlett, den ersten in Kanada empfangenen Notruf der Titanic, die kurz darauf 400 Meilen südöstlich der Küste Newfoundlands sank. Nur wenige Stunden zuvor war der Funker der Titanic gerade damit beschäftigt, Funksprüche von Passagieren durchzugeben, die auf der Marconi-Station von Cape Race (Newfoundland) aufgenommen wurden, um sie nach New York weiterzuleiten. Mitten in den Dialog kam eine Eisberg-Warnung der Californian, einem Schiff, das sich in der Nähe der Titanic befand. Die Reaktion des Titanic-Funkers lautete: „Shut up, I'm working Cape Race!" („Halts Maul, ich funke an Cape Race!"). Infolge dieser Ignoranz mussten die Stationen Cape Race und Cape Bear nur kurze Zeit später die SOS-Rufe der Titanic entgegennehmen und dann die Rettungsaktionen der beteiligten Schiffe koordinieren. Die konnten allerdings nur wenig mehr als ein Viertel der Passagiere in Sicherheit bringen; 1520 Menschen verloren ihr Leben.

Gemälde im Museum

Im Leuchtturm von Cape Bear befindet sich ein kleines Museum. Bilder und Informationstafeln informieren über den Untergang der Titanic, aber auch über andere Begebenheiten, etwa den „Yankee Gale". Das war ein extrem schwerer Sturm zum Höhepunkt der Fischerei-Saison im Oktober 1851, dem 160 Seeleute und 90 Schoner zum Opfer fielen. Einige der Wracks waren noch bis ins 20. Jahrhundert an den umliegenden Küsten zu finden. Zudem bietet das Museum auch Informationen zur Geschichte des Leuchtturms und seiner Wärter – und natürlich auch zu Marconi und seinen Erfindungen, die letztendlich zur mobilen Kommunikation von heute führten.

In kurzer Entfernung liegt die Landspitze Murray Head mit spektakulärer Aussicht auf das Meer und eindrucksvollen Erosionsformen an der roten Steilküste. Dorthin kann man auch zu Fuß gehen – denn nach Regenwetter ist die Piste stellenweise schwierig zu befahren.

Einsamer Strand am Murray Head

INFO

Lage: Cape Bear liegt im Südosten von PEI 14 Kilometer östlich von Murray Harbour.

Anfahrt:

- Über Route 18 zur Black Brook Road, nach 200 Metern erreicht man den Abzweig zum Leuchtturm.
- Nach Murray Head gelangt man auf einer Sandpiste, die hinter dem Abzweig zum Leuchtturm beginnt, Entfernung: 1,5 Kilometer.

Öffnungszeiten: Mitte Juni bis Mitte September, 10-18 Uhr

Eintritt: 5 CAD

Unterkunft: Harbour Motel, Murray Harbour, *harbourmotelpei.com*

Camping: Ocean Acres Campground mit Cottages und Restaurant, nahe Murray Harbour, *oceanacres.ca*

Newfoundland & Labrador – Von Placentia nach Channel-Port-aux-Basques

Filmset für die TV-Serie Random Passage

Newfoundland & Labrador

46. Castle Hill bei Placentia
47. Atemberaubende Sicht auf eine Vogelkolonie am Cape St. Mary’s
48. Kapitän Robert Bartlett aus Brigus
49. „Random Passage“: Wo Film und Wirklichkeit zusammenkommen
50. Elliston, Puffins und der Klondike Trail
51. Bemerkenswerte Architektur auf Fogo Island
52. Beothuk Interpretation Centre: Ein verschwundenes Dorf wird wiedererweckt
53. Broom Point Fishing Premises
54. Battle Harbour vor Labradors Küste
55. Auf den Spuren von Kapitän Cook: Blow Me Down Park und Bottle Cove

LABRADOR
QUÉBEC
NEWFOUNDLAND
Sankt-Lorenz-Golf
Atlantischer Ozean
Cabotstraße
Blanc-Sablon
St. Barbe
Corner Erook
Grand Falls-Windsor
Gander
Channel-Port Aux Basques
Saint Pierre
Argentia
St John's
Sydney
54
53
55
52
51
50
49
48
46
47

46. Castle Hill bei Placentia

Besonders für Reisende, die die Fähre zwischen North Sydney, Nova Scotia, und Argentia benutzen, empfiehlt sich ein kurzer Abstecher zur Castle Hill National Historic Site mit einer grandiosen Aussicht auf den Atlantik und die Bucht von Placentia.

Die Castle Hill National Historic Site bei Placentia besteht aus Befestigungsanlagen, die zunächst 1693 von den Franzosen und später nach dem Frieden von Utrecht 1713 von den Briten errichtet

Blick auf Placentia

wurden. Schon seit mehr als 1500 Jahren vor Ankunft der Europäer lebten links und rechts der Placentia Bay – zumindest saisonal – die Beothuk, ein vor knapp 200 Jahren ausgerottetes Volk, das Newfoundland von Labrador aus besiedelt hatte. Das Verschwinden der Beothuk gehört zu den tragischen Schicksalen der indigenen Völker Kanadas, die seit der Ankunft der Europäer nicht nur unter Krankheiten, gegen die sie keine Abwehrkräfte hatten, sondern auch unter kolonialer Unterdrückung und sogar Vernichtung zu leiden haben.

Zu den frühen europäischen Besuchern der Region gehörten Fischer aus dem Baskenland und später aus Frankreich und England. Um die Ausbeutung der reichen Fischgründe abzusichern, erbaute man entlang der Atlantikküste Befestigungsanlagen. Eine davon war Fort Royal, heute Castle Hill. Steht man oben auf dem Hügel und blickt über Placentia, die angrenzenden Buchten und Halbinseln, erkennt man leicht die günstige Lage und strategische Bedeutung des Forts.

Um die wechselvolle Geschichte von Castle Hill und der Region besser zu verstehen, lohnt es sich, die sehenswerte Ausstellung im Visitor Centre zu besuchen. Bei archäologischen Ausgrabungen fand man Werkzeuge, Reste von Geschirr aus Steingut, Pfeifen aus Ton sowie Waffen- und Munitionsreste. Einige Artefakte erklären die unterschiedlichen Bauweisen der Forts. Die Franzosen bauten viel mit Steinen, die Briten mehr mit Holz und Ziegeln. Mit Gemälden und anderen bildlichen Darstellungen wird die Entwicklung der Forts und der Stadt im Laufe der Zeit erklärt. Dioramen und Displays verdeutlichen das Alltagsleben der Fischer und Soldaten vor mehreren Hundert Jahren.

Diorama mit Fischern im Museum

Zu den vielen Besuchern Placentias gehörte einst auch Prinz Wilhelm Heinrich, der hier 1786 als Kapitän der HMS Pegasus verweilte. Später wurde er als

Wilhelm IV. Herrscher des Vereinigten Königreiches von Großbritannien und Irland und gleichzeitig König von Hannover. In seiner Jugend hatte er zeitweise auch in Osnabrück und Hannover gelebt. Er war der letzte Herrscher, der diese britisch-deutsche Regentschaft in Personalunion ausübte.

Die Außenanlagen mit ihren Gebäuderesten und Wallanlagen lassen erahnen, wie die Forts zu unterschiedlichen Zeiten ausgesehen haben; Schautafeln helfen der Vorstellungskraft. Eiserne Kanonen verweisen in ihrer Ausrichtung auf die wichtigen strategischen Punkte von Placentia und auf mögliche Angriffsorte in der Bucht. Verschiedene Spazierwege führen immer wieder zu interessanten Aussichtspunkten. Übrigens lassen sich auf dem Gelände mit etwas Glück je nach Jahreszeit auch Himbeeren oder Brombeeren finden.

Befestigungsanlage in Castle Hill

Besucherzentrum

INFO

Lage: Placentia liegt an der Westküste der Halbinsel Avalon im Osten von Newfoundland.

Anfahrt: Vom Highway 100 (vom Fährterminal zunächst Highway 102) biegt man fünf Kilometer südlich von Argentia nach Westen in die Castle Hill Road und folgt ihr bis zum Ende.

Öffnungszeiten: Juni bis September

Eintritt: 3,90 CAD, bis 17 Jahre frei

Website: *pc.gc.ca/en/lhn-nhs/nl/castlehill*

Unterkunft: Rosedale Manor, 40 Orcan Drive, Placentia, *rosedalemanor.ca*

Camping: Sunset RV Park, Argentia, *portofargentia.ca/parks-sites/#argentia-sunset-park*

Hinweis: Um den Besuch Newfoundlands ausgeruht zu beginnen, lohnte es sich, für die 16-stündige Fährüberfahrt von Nova Scotia eine Kabine oder zumindest einen Schlafsessel zu buchen.

47. Atemberaubende Sicht auf eine Vogelkolonie am Cape St. Mary's

Nirgendwo sonst in Kanada kommt man so einfach an eine Basstölpelkolonie wie an der Südküste Newfoundlands.

Im Schutzgebiet Cape St. Mary's Ecological Reserve steht unmittelbar vor der Steilküste ein großer, etwa hundert Meter hoher, fast senkrechter Felsblock, der für die Brutgelege von Tausenden Seevögeln einen sicheren Platz bietet. Weder Menschen noch Füchse können den Nistplätzen auf dem sogenannten Bird Rock etwas anhaben, lediglich Greifvögel und große Möwenarten haben hier die Chance, Nester zu plündern und Jungvögel zu jagen. Auch weitere umliegende Felswände bieten Tausenden Vögeln Platz für ihre Gelege.

Vogelkolonie am Cape St. Mary's

Hier befindet sich die südlichste Brutkolonie der Northern Gannets, die im Deutschen den etwas seltsamen Namen Basstölpel tragen. Dabei wirken die großen weißen Seevögel mit ihren gelblichen Köpfen und den schwarzen Flügelspitzen ganz und gar nicht tölpelhaft, wenn sie elegant die Felsen der zerklüfteten Steilküste umsegeln. Der Name Tölpel wurde ihnen von Seeleuten verpasst, denn die Vögel ließen sich oft zutraulich auf den Schiffen nieder und waren dann einfach zu fangen, da sie wegen ihres Körperbaus auf festem Grund etwas schwerfällig sind. Die Flügelspannweite dieser eleganten Vögel beträgt bis 1,80 Meter. Ohne Unterlass sieht man sie von den Felsen starten; sie tauchen im Sturzflug ins Meer, kreisen in der Luft und landen wieder, um den noch unscheinbar aussehenden Jungvögeln Futter zu bringen. Über 24.000 Vögel dieser Art sind in diesem Schutzgebiet gezählt worden.

Felsen mit Basstölpeln

Altvögel mit Jungen

Neben den außergewöhnlich schönen Basstölpeln nisten hier an den Felsen noch mehrere andere Vogelarten – je nach ihrer Lebensweise in unterschiedlicher Höhe. Ganz unten bauen die Black Guillemots (Gryllteisten) ihre Nester. Am Cape St. Mary's wurden 60 Paare gezählt. Darüber nisten Double-crested Cormorants (Ohrenscharben), dann folgen Black-legged Kittiwake (Dreizehenmöwen) und Murres (Trottellummen) mit jeweils 20.000 Vögeln sowie

2000 Thick-billed Murres (Dickschnabellummen). Diese Vogelarten sind schwieriger zu beobachten, da sie weiter entfernt von den Aussichtsplätzen nisten. Ein gutes Fernglas oder eine Kamera mit langer Brennweite sind hilfreich.

Die besten Aussichtspunkte für die Vogelkolonie liegen ungefähr einen Kilometer vom Besucherzentrum entfernt. Bei schönem Wetter sind die unbefestigten Wege dorthin einfach zu begehen. Anders dagegen bei Regen und Nebel, dann sollte man trittfest sein und geeignetes Schuhwerk tragen. Vorsicht ist an den ungesicherten Steilküsten auf jeden Fall geboten. Mit Glück kann man auch Buckelwale beobachten, die sich während der Laichzeiten der Capelins (Lodden) der Küste nähern, um sich an den in riesigen Stückzahlen auftretenden Kleinstfischen satt zu fressen.

Leuchtturm am Cape St. Mary's

Unbedingt zu empfehlen ist ein Besuch im Interpretive Centre mit seiner Ausstellung über die Vogelarten und ihre Lebensweise. Zudem bietet es bei schlechtem Wetter Schutz vor Sturm, Regen und Nebel. In unmittelbarer Nähe befindet sich der 1860 erbaute Leuchtturm von Cape St. Mary's. Er sendet seinen Lichtstrahl aus 120 Metern Höhe über der Meeresoberfläche und reicht bis weit auf den Ozean hinaus – falls nicht gerade starker Nebel herrscht.

Besucherzentrum

INFO

Lage: Cape St. Mary's liegt im Südosten der Avalon-Halbinsel.

Anfahrt: Von Route 100 biegt man östlich von Saint Bride's der Ausschilderung folgend nach Süden und folgt dem Weg 13 Kilometer.

Öffnungszeiten: Mai bis Oktober

Eintritt: Frei

Unterkunft: Bird Island Resort, Saint Bride's, *birdislandresort.com*

Camping: White Pines Campground, 115 Kilometer entfernt, Salmonier Line (Route 90), *whitepinesresort.com*

48. KAPITÄN ROBERT BARTLETT AUS BRIGUS

„Capt'n Bob", wie er von seinen Freunden genannt wurde, war einer der erfahrensten Kapitäne der arktischen Seefahrt. In Brigus kann man sein Wohnhaus Hawthorne Cottage besichtigen.

Das hübsche Dörfchen Brigus an der Westseite der Conception Bay wird von vielen Neufundländern als Urlaubsort genutzt. Hier wurde am 15. August 1875 Robert Bartlett in eine Familie geboren, die für ihre Kapitäne, Fischer und Walfänger bis heute bekannt ist. Der bedeutendste von ihnen ist Robert Bartlett, der es bei der Peary-Expedition 1909 fast bis zum Nordpol geschafft hatte.

Kapitän Robert Bartlett

Der schon 400 Jahre alte Ort ist klein, übersichtlich, sehr schön gelegen und hübsch anzusehen. Er hat etwas von einer Sommerfrische, was man auch an den Besuchern sehen kann, die sich im Ort und am kleinen Hafen tummeln. Das bekannteste Ziel ist das Hawthorne Cottage, früher Wohnhaus der Familie Bartlett, in dem Robert Bartlett einst aufgewachsen ist und auch bis zu seinem Tod gelebt hat – wenn er nicht gerade auf einem seiner Schiffe zwischen Grönland und Russland in der Arktis oder auf Vortragsreisen unterwegs war. Im Wohnhaus, heute Museum und National Historic Site, werden viele Erinnerungsstücke an die Familie Bartlett gezeigt, besonders aber an den Polarreisenden „Capt'n Bob", wie er von seinen Freunden und Mitreisenden respektvoll genannt wurde. Das weiße zweistöckige Holzhaus mit einer umlaufenden Galerie steht auf einem großen Gartengrundstück mit alten hohen Bäumen, Hecken und Blumenrabatten. Es wurde von Robert Bartlett durch einen Anbau erweitert, der ihm, seinen im Haus lebenden Schwestern und seinen Gästen mehr Komfort brachte.

Hawthorne Cottage, das Wohnhaus von Capt'n Bob

Typisch für einen Arktisreisenden des frühen 20. Jahrhunderts, liegt im ehemaligen Empfangszimmer ein großes Eisbärenfell auf dem Fußboden. Urkunden und Fotografien, die ihm unter anderem von „seinem Freund" Präsident Theodore Roosevelt und von Robert Peary gewidmet wurden, schmücken die Wände. Peary hatte 1909 behauptete, dass er bei seiner Nordpol-Expedition mit der SS Roosevelt und dann mit Schlitten übers Packeis am 6. April als erster den Nordpol erreicht hätte. Den Schiffskapitän Robert Bartlett, den einzigen im Team, der messtechnisch das Erreichen des Pols hätte beweisen können, hatte Peary einige Tage zuvor nach Ellesmere Island zurückgeschickt; einen kompetenten Zeugen konnte er wohl

Robert Peary und Robert Bartlett

nicht gebrauchen. Übrigens hatte Peary selbst in seinem Tagebuch das Erreichen seines großen Zieles gar nicht erwähnt. Warum wohl?

Robert Bartletts größte Leistung war ein mehr als tausend Kilometer langer Fußmarsch, den er von Wrangel Island in der russischen Arktis bis nach Alaska unternahm, um seine auf der Insel zurückgebliebene Mannschaft der gesunkenen HMCS Karluk, Flaggschiff der kanadischen Arktisexpedition 1913 bis 1916, zu retten.

Andere Räume des Hauses zeigen Modelle seiner Schiffe, aber auch Lebensmittelbüchsen und -kisten, wie Bartlett sie auf seinen Expeditionen mitführte. In seinem Schlafzimmer stehen neben dem Bett Regale mit Büchern über die Arktis. Sein Badezimmer ist komfortabel mit Wanne und Spültoilette ausgestattet, was in Brigus in jener Zeit noch lange nicht Standard war.

Auch ein Spaziergang in Brigus selbst lohnt sich. Am Familiengrab der Bartletts vorbei gelangt man zum Hafen, in dessen Nähe gleich zwei Denkmäler an den Polarkapitän erinnern. Ein Stück weiter ist „The Brigus Tunnel" zu bewundern, der 1860 von Bergleuten durch einen mächtigen Felsen gehauen wurde, um den Bartletts und ihren Seeleuten einfachen Zugang zu den Schiffen zu ermöglichen, die in einem geschützten Tiefwasserbecken lagen. Ein knapp drei Kilometer langer Wanderweg auf der Nordseite der Bucht führt zum Leuchtturm von Brigus.

Im Hafen von Brigus

Info

Lage: Brigus liegt etwa 80 Kilometer entfernt von St. John's an der Westseite der Conception Bay.

Anfahrt: Vom Trans-Canada Highway 1 biegt man wahlweise entweder am Exit 34 auf Route 63 und in Avondale auf Route 60 nach Norden, oder am Exit 31 auf die Route 70 und in Cupids Crossing auf Route 60 nach Osten.

Aktivitäten: Hawthorne Castle National Historic Site, geöffnet Juni bis Anfang September 10-18 Uhr, 3,90 CAD (bis 17 Jahre frei), *pc.gc.ca/en/lhn-nhs/nl/hawthorne*

Unterkunft: Silverwood Inn, Bay Roberts, *silverwoodinn.biz*

Camping: Mountain View RV Park, Clarke's Beach, *rvparksnl.ca*

49. „Random Passage": Wo Film und Wirklichkeit zusammenkommen

Das Leben in den abgelegenen Orten Newfoundlands ist mancherorts auch heute nicht leicht, doch wie sah es vor 60 oder gar 160 Jahren aus? Buchstäblich in der Vergangenheit spazieren gehen kann man am Filmset von „Random Passage" in New Bonaventure.

Nur 15 Kilometer entfernt vom pittoresken Ort Trinity liegen in einer von malerischen Felsen eingerahmten Meeresbucht einige Häuschen auf einer grünen Wiese nahe eines Wäldchens mit toller Aussicht über das Meer. An diesem Platz wurde zur TV-Realität,

Am Filmset von „Random Passage"

was einst das harte Schicksal einer Gruppe Einwanderer aus England und Irland war, die nach einer rauen Überfahrt vom Kapitän ihres Transportschiffes an einer unwirtlichen, menschenleeren Felsenküste ausgesetzt wurden. So hat es die Schriftstellerin Bernice Morgan in einer später verfilmten Romanfolge beschrieben, die auch ins Deutsche übersetzt wurde. Nach Abschluss der Dreharbeiten wurde das Filmset der TV-Serie „Random Passage" für Besucher hergerichtet.

Hier lässt sich leicht begreifen, dass Leben und Überleben für die Siedler alles andere als idyllisch war. Das einzige, was es reichlich gab, war Fisch, der auf Trockengerüsten in der Nähe eines Bootsstegs haltbar gemacht wurde.

Hier führte die Filmheldin ihr Tagebuch.

Zwischen Gras, Wacholder und Preiselbeeren wurden Gärtchen angelegt, wo Zwiebeln, Kartoffeln, Bohnen oder Erbsen die kurze Saison bis zur spärlichen Ernte überstehen mussten. Man sieht Zäune, die aus Knüppelholz zusammengeschustert wurden, um die Tiere vom Miternten abzuhalten, und mehr schlecht als recht bewohnbare Häuser aus dem Holz des nahe gelegenen Fichtenwäldchens, die Ritzen mit Moos und Flechten verstopft und das Dach mit Grassoden bedeckt. Die Inneneinrichtung der Häuser mit den selbst gezimmerten Möbeln und den Flickendecken macht die schwierigen Bedingungen sichtbar, mit denen die Siedler zurechtkommen mussten.

Schlafraum der Siedler

Es ist nur ein imaginärer Ort, doch er zeigt, wie es sich an anderen, realen Plätzen zugetragen hat oder haben könnte. Zum Überleben waren gegenseitige Hilfe und Gemeinschaft nötig, Trennendes durfte nicht die Oberhand bekommen. Es fand sich jemand, die heranwachsenden Kinder zu unterrichten, bald entstanden ein Schulhaus, eine Kirche und natürlich ein Friedhof. Das neue Land wurde zur gemeinsamen Heimat. Wer das Filmset an einem kühlen, windigen Tag besichtigt, bekommt ein lebendiges Gefühl dafür, wie es sich hier einst lebte – besser, als es jeder Film kann!

Ganz in der Nähe, am Hafen von New Bonaventure, kann man die Kneipe „Joe's Place" – eigens erbaut für den Film „Die große Verführung" („The Grand Seduction", 2013) mit Gordon Pinsent – besichtigen. Alkohol wird in dieser Bar allerdings nicht ausgeschenkt! Übrigens wurden auch einige Szenen des berühmten Filmes „The Shipping News" („Schiffsmeldungen", 2001) im Ort gedreht.

Friedhof für den Film

INFO

Lage: Im Osten Newfoundlands auf der Bonavista-Halbinsel südlich von Trinity

Anfahrt: Über Route 230 auf Route 239 nach New Bonaventure

Öffnungszeiten: Juni bis Ende September, 9:30-17:30 Uhr

Eintritt: Tickets im Tearoom 10 CAD; Joe's Place: 5 CAD, Kombiticket: 14 CAD

Website: *randompassagesite.com*

Unterkunft:
- B&B/Inns in Trinity, *mytrinityexperience.com*
- Motel und Inns im Nachbarort Port Rexton

Camping: Lockston Path Provincial Park, *parksnl.ca/parks/lockston-path-provincial-park*

50. Elliston, Puffins und der Klondike Trail

Das abseits gelegene Dörfchen Elliston weist mit mehrfachen Attraktionen auf. Man kommt fast auf Tuchfühlung mit den Papageitauchern, lernt Unerwartetes zur Geschichte der Robbenjagd und erlebt bei einer Küstenwanderung spektakuläre Felsgebilde.

Einst hatte Elliston tausend Einwohner, heute sind es nur noch 300. Das James Ryan Museum, ein schlichtes, aber schönes Doppelstockhaus, das früher dem lokalen Händler gehörte, ist heute Touristeninformation und Craft Store mit Kunsthandwerk und lokalen Produkten. In der Umgebung der Häuser finden sich aus Natursteinen erbaute und mit Grasdach versehene „Root Cellars",

Steilküste in Elliston

Gemälde im Sealers Interpretation Centre

wo man Wurzelgemüse wie Kartoffeln und Mohrrüben sowie andere Lebensmittel monatelang kühl, aber frostsicher lagern und über den Winter bringen konnte, bevor es Kühlschränke gab.

Denkmal für die Toten einer Schiffskatastrophe

Der frühere Name des Ortes – Bird Island Cove – ist eigentlich sehr treffend, denn am südlichen Ende der Bucht liegt auf einer Insel eine Brutkolonie der pittoresken Papageitaucher. Diese Vögel vertragen Kälte und ernähren sich von kleinen Fischen, die sie bei Tauchgängen aus dem Meer holen. Mit vollem Schnabel fliegen sie dann ihre Nisthöhlen oberhalb der steilen Felsen an, und man ist fast unmittelbar dabei – denn von der Puffin Viewing Site gegenüber auf dem Festland kann man sie aus dichtem Abstand beobachten!

„Home from the Sea" heißt eine Kunstgalerie mit Museum, dem Sealers Interpretation Centre. Es führt in die Zeit der risikoreichen Robbenjagd auf dem Packeis zurück – seinerzeit für viele Fischer unverzichtbar, um ihre Familien zu ernähren. Das Museum gibt Einblicke in ihren Arbeitsalltag und erinnert an eine Schiffskatastrophe im Jahr 1914, bei der 254 Robbenfänger ihr Leben verloren. Dieses Ereignis ist Teil der Familiengeschichte vieler Bewohner der Region und Thema einer Reihe von eindrucksvollen Gemälden in der Galerie. Unweit des Gebäudes erinnert das Sealers Memorial Monument an die Toten. Die seit den Protesten von Umweltorganisationen stets umstrittene Robbenjagd findet heute nur noch

Im Hafen von Elliston

streng reguliert und in kleinem Maßstab statt. Allerdings trägt der dadurch nunmehr auf über fünf Millionen gestiegene Bestand an Sattelrobben dazu bei, die Erholung der extrem gefährdeten Kabeljau-Bestände im Nordatlantik zu verzögern.

Entlang einer alten Verbindung nach Bonavista führt der knapp sechs Kilometer lange Klondike Trail durch Buschland und schließlich über von Felsrücken durchsetzte Wiesen mit Tundra-Vegetation und tiefen Einschnitten bis zur Spillars Cove. Nähert sich der Trail dem Ufer, hat man eine faszinierende Sicht aufs Meer, auf Seevögel, Wale, aber vor allem auf die reizvollen, von der Brandung einmalig geformten Felstürme vor dem Steilufer. Wer will, wandert noch etwa zwei Kilometer weiter zu den beeindruckenden Klippen und Höhlen im Dungeon Provincial Park unweit von Bonavista. Der gesamte Küstenabschnitt in Richtung Cape Bonavista bietet herrliche Aussichten, die Felsformationen geben spektakuläre Fotomotive.

INFO

Lage: Elliston liegt im Osten Newfoundlands im Nordosten der Bonavista-Halbinsel.

Anfahrt: Von Route 230 biegt man sieben Kilometer südlich von Bonavista auf Route 238 nach Elliston.

Aktivitäten:

- Puffin Viewing Site: Maberley Road, Mai bis September, Eintritt frei, Spende willkommen
- Sealers Interpretation Centre: Mai bis September 9-17:30 Uhr, 7 CAD; *homefromthesea.ca*

Unterkünfte:

- Bird Island B&B, Elliston, *birdislandinn.com*
- Meems Elliston B&B, Elliston, *facebook.com/MeemsEllistonBnB*
- weitere B&B in Bonavista

Camping: Elliston Municipal Park (mit Gary Baker Memorial Campground für Zelte), Maberly Road

Hinweis: Bonavista Social Club, Restaurant abseits der Route 235 im Westen der Halbinsel (Upper Amherst Cove) mit Holzofen-Pizza wie in Italien und mit lokalen Ingredienzen.

51. BEMERKENSWERTE ARCHITEKTUR AUF FOGO ISLAND

Die exponierte Lage von Fogo Island sorgt dafür, dass es hier gelegentlich arktischen Besuch von Eisbergen, seltener auch von Eisbären gibt. Seit Kurzem macht die Insel durch aufregend moderne Architektur auf sich aufmerksam.

Fogo Island wurde erstmalig auf einer Karte der Portugiesen Pedro und Jorge Reinel von 1519 erwähnt. Fogo ist das portugiesische Wort für Feuer oder auch für Brand. Das könnte darauf hinweisen, dass vielleicht Lagerfeuer der Beothuk zu sehen waren, als sich vor 500 Jahren Seefahrer der Insel näherten.

Das Tower Studio

Mit gut 250 Quadratkilometern ist Fogo Island die größte Insel vor Newfoundland. Die Fischerdörfer im felsigen Gelände mit ihren zumeist weißen, aber auch roten Häusern bieten nicht nur bei Sonne, sondern selbst bei nebligem Wetter einen malerischen Anblick. Besonders der Ort Tilting ganz am Ende der Straße ist mit vielen guterhaltenen Gebäuden ein Paradebeispiel für die einfache, aber praktische Architektur der Fischerhäuser, Schuppen und Lagergebäude.

Mit dem Niedergang der Küstenfischerei und der damit verbundenen Abwanderung vieler vor allem junger Leute schien das Ende einer funktionierenden Lokalwirtschaft auf Fogo

Traditionelle Fischerhütte

Island absehbar. Dann aber half ein überraschendes, experimentelles Investmentprojekt einer privaten Stiftung, die Abwanderung zu stoppen und neue Arbeitsplätze zu schaffen. Dabei entstanden fünf moderne Gebäude mit ungewohnten Formen, die aber dennoch an die Einfachheit der Inselarchitektur erinnern: das Fogo Island Inn, ein Luxushotel aus Stahl und Holz auf Felsen direkt am Meer errichtet, und vier ebenso spektakuläre, aber vergleichsweise kleine bis winzige Künstlerstudios. Die Entwürfe stammen von dem in Newfoundland geborenen Architekten Todd Saunders. Viele lokale Handwerker wirkten bei der Innenausstattung mit, was Teil des Projektes ist, Arbeitsplätze vor Ort zu erhalten und neue zu schaffen.

Luxushotel Fogo Island Inn

Man sollte diese spektakulär auf felsigem Gelände am Meer gelegenen Bauwerke und ihre Umgebung unbedingt mit Spaziergängen oder Wanderungen erkunden. Da (fast) keine Grundstücksgrenzen auf der Insel erkennbar sind, kann man nach Belieben und dem Wetter gemäß stundenlang unterwegs sein. Das Innere der Studios bleibt natürlich den dort arbeitenden Künstlern vorbehalten, doch die öffentlichen Räume des Hotels kann man sich ansehen, ohne dort Gast zu sein.

Die Studios erreicht man über mehr oder weniger lange Fußwege von der Straße aus. Das Long Studio liegt bei Joe Batt's Arm, das Tower Studio westlich von Shoal Bay, das Bridge Studio südlich von Deep Bay und das Squish Studio nördlich von Tilting. Dort beginnt auch Turpin's Trail, ein acht Kilometer langer Wanderweg entlang der malerisch zerklüfteten Küste. Zum Konzept der Investoren gehört es übrigens, auf Wegweiser oder Hinweisschilder zum Hotel und den Studios zu verzichten. Damit sollen die Besucher ermuntert werden, mit den Anwohnern ins Gespräch zu kommen. Welche der

Das Long Studio bei Joe Batt's Arm

Gebäude auf Fogo Island einem am Ende des Tages zusprechen – ob traditionell oder supermodern – bleibt jedem Spaziergänger in Sachen Architektur natürlich selbst überlassen.

Das Squish Studio in Tilting

INFO

Lage: Fogo Island ist eine Insel im Nordosten des zentralen Newfoundland.

Anfahrt: Vom Trans-Canada Highway 1 aus fährt man über Routen 330, 331 bzw. 340 auf Route 335 zum Fährhafen in Farewell. Die Überfahrt dauert knapp eine Stunde. Fahrplan und Preise: *gov.nl.ca/ferryservices/schedules/c_fogo.html*

Unterkünfte:

- Tilting Harbour B&B, Tilting, *tiltingharbourbnb.ca*
- weitere B&Bs in den Dörfern Joe Batt's Arm und Fogo

Camping: Notre Dame Provincial Park auf dem Festland nahe Trans-Canada Highway 1/Route 340, *parksnl.ca/parks/notre-dame-provincial-park*

52. Beothuk Interpretation Centre: Ein verschwundenes Dorf wird wiedererweckt

Auf dem Weg nach Twillingate, der selbst ernannten „Eisberg-Hauptstadt“, sollte man unbedingt einen Stopp im Beothuk Interpretation Centre in Boyd's Cove einlegen. Hier im Inneren der Notre Dame Bay, durch zahlreiche Inseln vor Wind und Wellen geschützt, wohnten über Jahrhunderte mehrere Familien der Beothuk.

Vielleicht hatten die Wikinger, die um das Jahr 1000 an der Nordspitze Newfoundlands siedelten, sogar bereits mit ihnen Austausch betrieben – denn kürzlich entdeckten Archäologen in L'Anse aux Meadows ein Artefakt aus Jaspis, dessen Material genau der Hunderte Kilometer entfernten Notre Dame Bay zuzuordnen ist.

Boyd's Cove

Das Beothuk Interpretive Centre

Das Beothuk Interpretation Centre, dessen Architektur an die Form der spitzen Wigwams dieses Volkes angelehnt ist, gibt mit Dioramen, Informationstafeln und Artefakten auf sehr anschauliche Art Einblicke in ihre vergangene Lebensweise. An den Küsten gab es viel Fisch, Vögel und Meeressäuger, das bewaldete Land war reich an Wild. Die Beothuk nutzten, was die Natur ihnen bot, bauten Kanus und Behausungen aus Birkenrinde, sie hatten ein einfaches, aber gutes Leben.

Diorama mit Beothuk-Mädchen

Das alles änderte sich, als nach 1500 die ersten Europäer mit ganzen Flotten nach Newfoundland kamen, um zu fischen. Sie legten ihre Verarbeitungsplätze an den Ufern an. Die Beothuk wichen ihnen aus, doch wenn die Schiffe für den Winter nach Europa zurückgekehrt und die Fischcamps verlassen waren, inspizierten sie die Plätze und nahmen sich brauchbare Gegenstände wie Gefäße und Nägel mit. Die im Folgejahr zurückkehrenden Fischer jagten und töteten daraufhin die „Diebe" – die jedoch gar kein privates Eigentum kannten und von jeher alle nützlichen Dinge ganz selbstverständlich gemeinsam nutzten.

Beothuk-Familie

Als neue Siedler, vor allem aus England und Frankreich, ins Land eindrangen, wurden die Beothuk endgültig von ihren Fangplätzen und Fischgründen an der Küste vertrieben. In abgelegenen Wäldern lernten sie dauerhafte Not kennen. Bis ins 19. Jahrhundert hinein wurden sie zumeist umgebracht, sobald man sie erblickte, obwohl sich die englischen Behörden mittlerweile um ihre Schonung bemühten; andere starben an Hunger und Infektionen. Die letzte Überlebende war Shanawdithit, eine junge Frau. Bevor sie 1829 in St. John's in der Obhut des wohlmeinenden Engländers W.E. Cormack verstarb, konnte sie ihm noch vieles über die Lebensweise ihres Volkes mitteilen; in der Ausstellung sind Zeichnungen von ihr zu sehen.

Token im Spirit Garden

Das Interpretation Centre wurde nahe den Überresten eines erst 1981 gefundenen Beothuk-Dorfes errichtet. Ein Wanderweg (1,5 Kilometer) führt zu den alten Siedlungsplätzen. An den Bäumen im „Spirit Garden" hängen „Token", kleine Opfergaben aus Bändern und Naturmaterialien, als Zeichen des Respekts für die ausgerotteten Beothuk. Die lebensgroße Bronzeskulptur „The Spirit of the Beothuk" porträtiert Shanawdithit und erinnert an den tragischen Untergang dieses Volkes.

INFO

Lage: Im zentralen Newfoundland nördlich von Gander an der Notre Dame Bay

Anfahrt: Auf dem Weg nach Twillingate biegt man von der Route 340 in Boyd's Cove nach rechts und erreicht nach zwei Kilometern entlang der Küstenstraße das Museum. Adresse: 66 South Side Road

Öffnungszeiten: Ende Mai bis Anfang Oktober 9:30-17 Uhr

Eintritt: 6 CAD

Website: *seethesites.ca/the-sites/beothuk-interpretation-centre.html*

Unterkunft:

- Shoreline Bed and Breakfast, nur sechs Kilometer entfernt, *bbcanada.com/shorelinebandb*
- Sunshine Inn in Twillingate, *twillingateandbeyond.com*

Camping: Dildo Run Provincial Park, auf halbem Weg nach Twillingate, *parksnl.ca/parks/dildo-run-provincial-park*

53. Broom Point Fishing Premises

Einsamer geht es kaum: Auf einer felsigen Landzunge, die sich ins raue Meer reckt, erfährt man in authentischen, sorgsam restaurierten Gebäuden, wie vor über 50 Jahren ein kleiner Fischerei-Familienbetrieb funktionierte.

Manchmal sind es die kleinen Dinge am Rande, die das große Bild – in diesem Fall vom wunderschönen Gros Morne National Park – erst richtig abrunden. Erst vor 40 bis 50 Jahren ist hier in der Gegend die Küstenfischerei zu Ende gegangen. Obgleich die Gebäude und Gebrauchsgegenstände des kleinen Fischereimuseums am Broom

Fischereistation

Point eigentlich keine Artefakte im archäologischen Sinne sind, lohnt sich der kleine Abstecher vom Viking Trail.

Man braucht dazu nicht einmal schönes Wetter, denn gerade an einem nebligen oder verregneten Tag gewinnt man einen deutlicheren Eindruck von der Verlorenheit des Ortes und von der Schwere der Arbeit, der sich die Fischer hier aussetzten, um ihre Familien zu ernähren. Die Station wurde von 1941 bis 1975 durch drei Brüder namens Mudge und ihren Familien betrieben, dies zumeist nur im Sommerhalbjahr. In offenen Booten fingen sie hier Hummer und Dorsch; die hölzernen Hummerfallen am steinigen Strand künden noch davon. Das Innere von einem der ehemaligen

Windflüchtige Tuckamore-Fichten

Wohnhäuser und ein großer Schuppen direkt am Strand, dazu das Outhouse, zu gut Deutsch „Plumpsklo" – aus offensichtlichen Gründen etwas abgelegen, machen deutlich, wie bescheiden und einfach das Leben der Fischer war. Allein der Anblick des mittels zusätzlicher Baumstämme gesicherten Outhouse und die von den rauen Winden manchmal wie mit der Heckenschere geformten Fichten hinterm Strand machen deutlich, dass ein Leben hier bei Sturm wenig romantisch ist.

Hummerfallen

Im Schuppen sind handgefertigte offene Boote, Fischernetze, verschiedene hölzerne Schubkarren und sogar ein großes kupfernes Fass zum Kochen der Hummer zu sehen. Eine mittels Holzkasten vor den Wetterunbilden geschützte Winsch

(Seilwinde) zum Einholen der Boote ergänzt die Ausstellung.

Kurzwanderwege führen durch den Küstenwald und zu weiteren Buchten. Besonders schön ist der Abstieg zur Sandy Cove (oder Graveyard Cove) vorbei an einem im Dünengras fast verschwindenden kleinen Friedhof vom Ende des 19. und Anfang des 20. Jahrhunderts. Der am Parkplatz beginnende 450 Meter lange Steve's Trail führt zur Mündung des Western Brook mit bei niedriger Tide interessanten Felsformationen am Strand.

Outhouse

INFO

Lage: Broom Point liegt im Gros Morne National Park an der Westküste Newfoundlands.

Anfahrt: Vom Visitor Centre bei Rocky Harbour fährt man 36 Kilometer auf der Route 430 nach Norden und folgt dort der Ausschilderung in Richtung West zum Broom Point.

Öffnungszeiten: Anfang Juni bis Mitte September 10-17:30 Uhr

Eintritt: mit dem Parkpass des Gros Morne National Park 9,80 CAD, bis 17 Jahre frei

Unterkunft: Shallow Bay Motel & Cabins, 15 Kilometer weiter nördlich, *shallowbaymotel.com*

Camping: Green Point Campground, zwölf Kilometer nördlich von Rocky Harbour, *pc.gc.ca/en/pn-np/nl/grosmorne*

54. Battle Harbour vor Labradors Küste

Das ehemalige Fischerdorf, als National Historic District restauriert, liegt auf einer Insel. Hier kann man in 250 Jahre Geschichte eintauchen und bei Spaziergängen die felsige Tundralandschaft erkunden, seltene arktische Pflanzen entdecken und eine großartige Sicht auf den Ozean, mit Glück auf Eisberge und Wale, genießen.

Der Straßenbau der letzten Jahrzehnte in Labrador hat es ermöglicht, zu vielen reizvollen Orte an der Küste zu fahren, die zuvor nur per Schiff erreichbar waren. Besucher der UNESCO-Welterbestätte in Red Bay sollten den Labrador Coastal Drive mindestens bis Mary's Harbour fahren, wo die Fähre nach Battle Harbour ablegt.

Bereits 1560 war diese Insel vor der felsigen, oft nebligen und sturmumtosten Küste Labradors auf portugiesischen Karten eingezeichnet.

Im Hafen von Battle Harbour

Sie wurde von den Innu und von Inuit besucht, aber auch von Fischern aus vielen europäischen Ländern. Vor 250 Jahren entstanden dann feste Gebäude, die der Fischverarbeitung dienten. Battle Harbour wurde im 19. Jahrhundert eine bedeutende Fischerei- und Handelsstation, Heimathafen für 92 Fischerboote. Zudem legten hier die meisten Schiffe an, die vom oder in den Norden unterwegs waren – auch Walfänger oder Polarexpeditionen. 1893 hatte der Philanthrop Dr. Wilfred Grenfell auf der Insel das erste Krankenhaus Labradors eingerichtet. Noch vor hundert Jahren war der Ort so etwas wie die inoffizielle „Hauptstadt" von Labrador.

Ausstellung in der Salzscheune

Überfischung führte seit der Mitte der 1960er-Jahre zum Niedergang der Fischerei. Battle Harbour wurde verlassen und diente nur noch in der Sommersaison als Fischstation. In den 1990er-Jahren wurden die Gebäude und Anlagen liebevoll restauriert und als lebendiges Museum hergerichtet. In den mit Holzschindeln verkleideten Hallen am Hafen liegt noch der Geruch der alten Zeiten. Es ist ein Erlebnis, die hölzernen Hafenkais und Gebäude zu besichtigen. Hier werden die alten Verarbeitungstechniken für Kabeljau,

Hering, Lachs und Robben erläutert – am anschaulichsten bei einer Führung durch Einheimische, auch wenn es manchmal eine Herausforderung ist, deren Dialekt zu folgen. Damals wurden die Fische zumeist entweder getrocknet oder durch Einsalzen haltbar gemacht, bevor man sie in – ebenfalls vor Ort produzierte – Fässer verpackte und dann per Schiff an die Abnehmer zum Beispiel in Europa, Westindien oder Neuengland lieferte.

Man brauchte dafür jede Menge Salz. Es war das Konservierungsmittel für Fisch; gelagert wurde es in der „Salzscheune". Im Dachgeschoss dieser Scheune hielt Robert E. Peary im Jahr 1909 eine bedeutsame Pressekonferenz ab, denn hier befand sich die damals nördlichste Telegrafenstation der Welt. Der Polarforscher war gerade mit dem Expeditionsschiff unter Kapitän Bartlett (siehe Tipp 48, Seite 214) aus der Arktis zurückgekehrt und gab nun der Welt bekannt, er habe auf seiner Schlittentour übers Packeis den Nordpol erreicht – eine höchst umstrittene Behauptung, an die, obgleich längst widerlegt, immer noch viele glauben.

Bericht über Pearys Pressekonferenz

Das Dorf, das sich hügelan zieht, hat noch viel mehr zu bieten: die neugotische St.-James-Kirche, die pittoresken Wohnhäuser der Kaufleute und der Fischer und die Pfade dazwischen, der General Store mit seiner altehrwürdigen Registrierkasse … Der ganze Ort hat eine einzigartige Atmosphäre, auch wenn das Leben hier – ohne Strom- und Wasserleitung – alles andere als einfach war.

Wer mag, kann selbst nachts das historische Flair des Ortes nacherleben, denn einige der Gebäude wurden zu Touristenunterkünften umfunktioniert.

Outhouse über der Bucht

INFO

Lage: Auf einer Insel vor der Küste im Südosten Labradors

Anfahrt: Auf dem Labrador Coastal Drive (Route 510) bis Mary's Harbour, von dort mit dem Boot: Mitte Juni bis Anfang September täglich um 11 Uhr, Rückfahrt 16 Uhr, Überfahrt etwa eine Stunde, 115-145 CAD, *cloud9boattours.ca*

Unterkünfte:

- Battle Harbour Inn, Paketpreis inkl. Überfahrt, Eintritt, Inseltour, Vollverpflegung, Übernachtung: pro Person ab 235 CAD (rustikal), zwei Personen ab 555 CAD, *battleharbour.com;* Tagestour über privat arrangierte Bootstour möglich
- Riverlodge Hotel, auf dem Festland, Mary's Harbour, *riverlodgehotel.ca*

Camping: BNL RV Sites, Red Bay, *labradorcoastaldrive.com/home/199*

55. Auf den Spuren von Kapitän Cook: Blow Me Down Park und Bottle Cove

Einige wunderschöne Wanderziele bei Lark Harbour an der malerischen Bay of Islands stehen in einer speziellen Beziehung zu einem Denkmal im Herzen der ansonsten nicht sonderlich attraktiven Stadt Corner Brook.

Dass der Seefahrer James Cook vor seinen drei berühmten Reisen zur Erforschung des Pazifischen Ozeans zunächst die Ostküste Kanadas vermessen hat, ist nur wenigen bekannt. Zur Einstimmung auf die Wanderungen bei Lark Harbour sollte man in Corner Brook die Statue von Kapitän Cook besuchen, von der man die Stadt und den Humber Arm – die Mündungsbucht des Humber River – überblicken kann. Im Corner Brook Museum gibt es auch die Ausstellung „Cook and Canada" zu sehen.

Bottle Cove

Auf dem Weg südlich des Humber Arm nach Lark Harbour erhebt sich links der Blow Me Down Mountain mit seinen kahlen Flanken. Etwa vier Kilometer nachdem man den Fischerort Frenchman's Cove passiert hat, lädt rechter Hand der Humber Arm South Day Park zu einer kurzen Pause ein. Von hier hat man bereits einen wunderschönen Blick über die Bay of Islands, die einst von Cook vermessen wurde.

Denkmal für James Cook in Corner Brook

Kurz vor Lark Harbour liegt auf einer schmalen Halbinsel der Blow Me Down Provincial Park. Dort beginnt auf der Ostseite des Parks der James Cook Heritage Trail. Mehrere Tafeln entlang des Weges berichten über die Laufbahn des jungen James Cook und zeigen seine historischen Karten von der Westküste Newfoundlands. Nach einem recht steilen Aufstieg über sehr viele Treppenstufen vorbei an niedrigen Koniferen gelangt man auf etwa 150 Meter Höhe. Hier bietet eine Aussichtsplattform einen atemberaubenden Rundblick über die beiden Buchten, welche die Halbinsel einrahmen.

Der Trail geht noch weiter bis zum höchsten Punkt der Halbinsel, dem Tortoise Mountain. Er ist aber nun bei Weitem nicht mehr so anstrengend wie zu Beginn. Hin und zurück sind es etwa sechs Kilometer. Wer wenig Zeit hat, kehrt bereits am Aussichtspunkt um. Beim Abstieg sollte man unbedingt die Treppe „Governors Stairway" durch abenteuerlich überhängende Felsklippen mit grandiosen Ausblicken hinunter zum Kiesstrand nutzen!

In Lark Harbour fährt man quer über die Halbinsel zur Bottle Cove. Diese fast kreisrunde Sandbucht ist von einzigartigen Felsformationen eingerahmt, die von der letzten Eiszeit geformt wurden. Parallel zum Strand führt ein Boardwalk zwischen Wiese und Buschland um die Bucht. An einem Parkplatz im Norden der Bucht startet der

Im Blow Me Down Provincial Park

Bottle Cove Trail, ein Netzwerk von Wanderwegen durch Wald, Buschland und Wiesen mit interessanten Wildpflanzen. Hält man sich links nahe der Bucht, gelangt man zu einem Gedenkstein für Kapitän Cook.

Erinnerungsstein am Bottle Cove Trail

In der näheren Umgebung der Bay of Islands gibt es noch fünf weitere interessante Wanderwege durch reizvolle Landschaft mit speziellen geologischen Eigenschaften, die in Zukunft zum Cabox Geopark gehören werden. Dieser Park wird sich der Formung der dortigen Landschaft durch die Plattentektonik widmen (*caboxgeopark.org*).

INFO

Lage: Lark Harbour liegt an der Route 450 westlich von Corner Brook im Westen Newfoundlands.

Zufahrt: Noch bevor man die Ortschaft erreicht, aber schon in Sichtweite liegt östlich der Straße die Zufahrt zum Blow Me Down Provincial Park (Day-Use-Gebühr: 10 CAD pro Fahrzeug). Um zur Bottle Cove zu gelangen, biegt man in Lark Harbour nach Westen in die Little Port Road und hält sich dann rechts.

Aktivitäten: Wandern; Informationen zu allen Wanderwegen: *obiec.ca/trail-info/*

Unterkünfte:

- Captain Cook B&B und Cottages, York Harbour, *captaincookbb.ca*
- Hotels/Inns in Corner Brook

Camping: Blow Me Down Provincial Park, *parksnl.ca/parks/blow-me-down-provincial-park*

Nova Scotia II

Steile Treppe im Victoria Park in Truro

Nova Scotia II

56. Das Highland Village in Iona
57. Cape George Point Lighthouse
58. Museum of Industry in Stellarton
59. Der Victoria Park in Truro
60. Hemlock Ravine Park in Bedford

Sankt-Lorenz-Golf
PRINCE EDWARD ISLAND
Northumberlandstraße
Inverness
56
57
58
Oxford
Springhill
Antigonish
59
Parrsboro
Canso
Stewiacke
NOVA SCOTIA
60
Halifax
Atlantischer Ozean

56. Das Highland Village in Iona

Von den Inseln und Hochländern in Schottland kamen sie nach Neu-Schottland: Das Highland Village bietet eine Zeitreise in die Lebensrealität der Einwanderer, in die gälische Kultur und Sprache – und eine fantastische Aussicht über die Bras d'Or Lakes und die gegenüberliegenden bewaldeten Hügel.

Blick über die Bras d'Or Lakes

Man muss schon aufpassen, damit man nicht vorbeifährt: „Baile nan Gàidheal" steht groß auf dem Schild, und darunter deutlich kleiner „Highland Village". Viele der Beschilderungen auf Cape Breton Island sind zweisprachig, meist steht unter dem „kanadischen" auch noch der gälische Name; hier ist es umgekehrt.

The Black House

Das Highland Village ist ein lebendiges Museumsdorf mit elf Gebäuden, in dem Animateure in historischen Kostümen das Leben der Einwanderer vorführen und dabei viel erzählen. Die Zeitreise, die man hier in chronologischer Reihenfolge unternehmen kann, beginnt bei einem alten runden Steinhaus – The Black House oder „An Taigh Dubh" – wie es einst im ländlichen Schottland typisch war. Hier konnten nur abgehärtete, widerstandsfähige Menschen leben! Doch mit der flächendeckenden Einführung der Schafzucht im schottischen Hochland hatten die Gutsherren zahlreiche Kleinbauern und Pächter vom Land vertrieben. Viele dieser Familien siedelten sich zwischen 1770 und 1850 auf Cape Breton Island an, wo sie Bäume fällten und den Boden urbar machten.

Zäune aus unbearbeiteten Baumstämmen und Ästen sowie ein Blockhaus aus roh behauenen Balken zeigen, mit welch einfachen Mitteln die Siedler in den ersten Jahren zurechtkamen. Andere, größere Häuser in Holzskelettbauweise – Originalgebäude, die man aus anderen Orten herbrachte und aufstellte – verdeutlichen, wie in späteren Zeiten allmählich die Armut überwunden wurde. Zum historischen Dorf gehören auch Kirche, Schule und ein General Store.

Aufschlussreich ist die Vorführung alter Handwerkstechniken, wie etwa in Cash's Carding Mill. Hier sieht man, welche Arbeitsgänge die vom Schaf geschnittene Wolle erfordert, bis man sie mit Handspindel oder Spinnrad zu Garn verarbeiten kann. Wenn der Schmied nicht gerade das Eisen aus dem Feuer zieht, hat auch er Spannendes über seine Arbeit zu erzählen.

Blockhaus aus rohbearbeiteten Stämmen

Es ist nicht nur interessant, sondern auch unterhaltsam, zu lernen, wie auf dem Handwebstuhl Stoffe entstehen, oder wie man Brot, Gebäck und andere Speisen am offenen Herd zubereitet: Auf Wunsch lernt man deren Namen auch auf Gälisch kennen. Besonders Kinder werden ihre Freude an diesen abwechslungsreichen Darbietungen haben. Zwischen den Häusern und Wiesen liegen eingezäunte Nutzgärten und Weiden. Selbst manche der Tiere hier sind irgendwie „gälisch": Neben Hühnern, einem Schwein und einem Pferd sieht man auf den Weiden die seltenen Soayschafe sowie schottische Hochlandrinder.

Bei speziellen Veranstaltungen kann man hören und sehen, dass auch die traditionelle gälische Musik und der Tanz noch immer lebendig sind. Hier lassen sich Stunden verbringen. Von der Hügelkuppe nahe der Kirche genießt man eine wunderbare Panorama-Aussicht auf die Bras d'Or Lakes, die hier durch die Barra Strait miteinander verbunden sind. Die Mi'kmaq, die lange vor den Schotten hier zu Hause waren, nennen diese Wasserstraße „Taawitk", übersetzt heißt das: „Wo das Wasser herausfließt". Wer nahebei übernachtet, kann auch den Sonnenaufgang oder den nächtlichen Mondschein auf dem Wasser genießen.

Am Spinnrad

INFO

Lage: Cape Breton Island, auf einer Halbinsel abseits vom Highway 104; je 70 Kilometer von Sydney bzw. von Port Hastings entfernt; Highland Village, 4119 Route 223, Iona

Anfahrt: Vom Highway 104 ca. 30 Kilometer auf Route 223; oder aus Richtung Sydney auf Route 223, vier Kilometer westlich von Grand Narrows.

Öffnungszeiten: Juni bis Mitte Oktober 10-17 Uhr, Juni und Juli täglich, sonst nur Mo-Fr

Website: *highlandvillage.novascotia.ca*

Unterkünfte:

- The Iona Hights Inn, gleich neben dem Village, *ionaheightsinn.com*
- weitere Hotels etc. in größerer Entfernung am Highway 104 Richtung Baddeck, in Sydney etc.

Camping: Timeout Campground, Little Narrows, *timeoutcampground.ca*

57. Cape George Point Lighthouse

Oberhalb der St. George's Bay thront das Cape George Point Lighthouse. Von hier hat man eine gute Fernsicht – wenn denn das Wetter mitspielt. Das Kap bietet zudem vielseitige Wandermöglichkeiten.

Cape George überragt das Wasser der St. George's Bay um fast 200 Meter und ist der dominante Punkt am Ausgang der Bay. An sonnigen Tagen kann man bei klarer Sicht von hier Cape Breton und auch PEI erkennen. Der Name Cape George tauchte zum ersten Mal auf einer Karte von vor 200 Jahren auf; davor wurde es Cape St. Louis genannt. Seit 1861 steht hier auf einer Höhe von 110 Metern über dem Meeresspiegel ein Leuchtturm, um die Schiffe sicher durch die Northumberland Strait zu geleiten.

Der aktuelle Turm ist seit 1968 bereits der dritte an dieser Stelle und ähnelt vielen anderen Leuchttürmen in Nova Scotia. Der

Der Leuchtturm von Cape George

vorige Turm konnte sogar noch von Touristen bestiegen werden. Es ist also weniger der Leuchtturm selbst als seine spektakuläre Lage, die einen Besuch lohnt.

In unmittelbarer Nähe befindet sich in der Ballantyne's Cove ein kleiner Fischereihafen und das ebenfalls kleine Ballantyne Bluefin

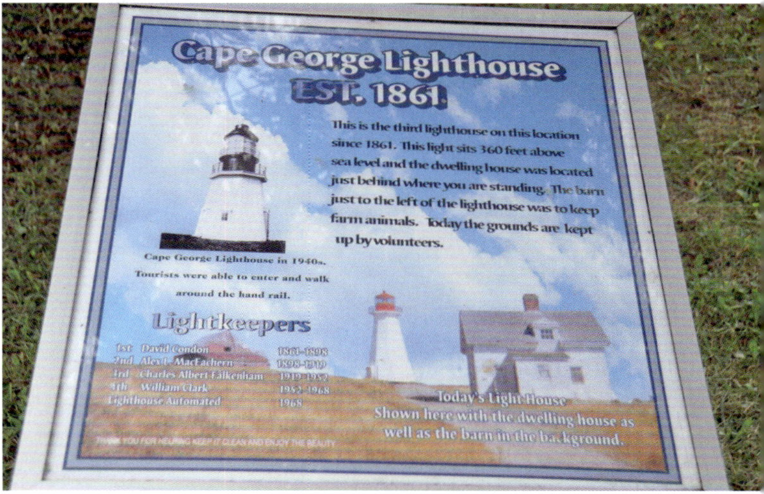

Tuna Interpretive Centre. Es zeigt eine Fresnel-Linse aus dem 19. Jahrhundert, wie sie einst im Leuchtturm genutzt wurde, und ein lebensgroßes Thunfisch-Modell. Nicht nur die Geschichte des Thunfisch-Angelns in der Region wird behandelt, sondern auch der Lebenszyklus dieser Tiere. Heute enden viele der geangelten Blauflossen-Thunfische in Japan, wo sie zu Sushi verarbeitet werden.

Sowohl am Leuchtturm wie auch am Hafen beginnen Wanderwege, die Cape George Heritage Trails, die das Kap weitläufig erschließen. Ein anderer Startpunkt befindet sich am Cape George Heritage School Museum. Insgesamt umfasst das Wandergebiet 37 Kilometer miteinander verbundener kurzer Trails, auch Rundwanderwege in unterschiedlicher Länge und Schwierigkeitsgraden. Mal geht es bis 200 Meter bergauf, dann wieder hinunter, stellenweise an den Strand. Die Wege führen teils durch dichten Wald, teils durch offene Landschaft, an Bächen mit Kaskaden und am Trail A sogar an einer Bubbling Spring (Blubbernde Quelle) vorbei. Je nach Jahreszeit gibt es blühende Blumen und Sträucher zu entdecken, Beeren und Pilze zu sammeln, oder man hört und sieht einfach nur den Vögeln zu. Ausgewählte Punkte im System dieser Wanderwege bieten sehenswerte Panorama-Ansichten. An besonders schönen Plätzen wurden Bänke aufgestellt. Die Wege sind ausreichend markiert und an Kreuzungen sind alle Wanderrichtungen ausgeschildert. Zur besseren Orientierung unterwegs schadet es aber nicht, gleich zu Beginn Kamera oder Smartphone zu nutzen und die Tafel mit dem Übersichtsplan zu fotografieren, die jeweils an den Ausgangspunkten steht. Schönes Wanderwetter vorausgesetzt, kann man hier am Cape George problemlos einen ganzen Tag verbringen.

Im Hafen von Ballantyne's Cove

INFO

Lage: Cape George liegt nördlich von Antigonish an der Northumberland Strait.

Anfahrt: Von Antigonish fährt man auf Route 337 nach Norden und erreicht nach 32 Kilometern Ballantyne's Cove; der Leuchtturm liegt gut zwei Kilometer weiter nördlich rechts von der Straße.

Aktivitäten: Wandern auf den Cape George Heritage Trails; Ballantyne's Cove Tuna Interpretive Centre, geöffnet Juli und August, Eintritt frei, Spende willkommen, *facebook.com/bluefintunacentre*

Unterkunft: Blue Tin Roof B&B, sieben Kilometer entfernt an der Route 337 (Livingstone Cove), *bluetinroof.com*

Camping: Cranberry Campground, Lower Barneys River, *cranberrycampground.ca*

58. Museum of Industry in Stellarton

Stellarton liegt ungefähr auf der Hälfte der Strecke zwischen Cape Breton und Halifax. Das dortige Industriemuseum ist damit ein geeigneter Ort für eine längere Pause – besonders wenn man mit Kindern reist.

Das Museum befindet sich an einem der ehemals wichtigsten Industriestandorte von Nova Scotia. Hier wurden in der Foord Pit, einst die tiefste Kohlengrube der Welt, Steinkohle abgebaut. Die Albion Railway, die älteste Eisenbahnlinie für Personen- und Gütertransport in Kanada, führte von der Kohlegrube zum Hafen von Dunbar Point am Pictou Harbour. Die Ausstellung ist mit Technik zum Anfassen und Möglichkeiten zur Interaktion wohl mit Blick auf die Interessen von Schulkindern konzipiert, aber auch für die kleineren Kinder gibt es ausreichend Beschäftigung. Für Erwachsene bietet das Museum je nach Interessenlage tiefer führende Einblicke in die Industriegeschichte von Nova Scotia wie auch in die Entwicklung von Technik und Industrie allgemein.

Die älteste Dampflokomotive Kanadas

Eines der Highlights der Ausstellung ist ohne Frage die älteste noch in Kanada existierende Dampflokomotive – „Samson" – die man 1839 in Einzelteilen nach Nova Scotia verschiffte, wo sie von mitreisenden Technikern des Herstellers Timothy Hackworth aus England zusammengebaut wurde. Das war übrigens nur vier Jahre, nachdem die erste deutsche Eisenbahn zwischen Nürnberg und Fürth in Betrieb ging! Die Samson ist ein wahres „Ungetüm" aus der Frühzeit der Eisenbahn, die noch ohne Kabine für den Lokführer auskam. Sie ähnelt der ebenfalls aus England stammenden Nürnberg-Fürth-Lok „Adler". Neben diesem Prachtstück sind im Museum noch weitere dampfbetriebene Loks und Maschinen zu sehen. Die folgende Abteilung wird von einem 1912 in Nova Scotia gefertigten Auto der Firma McKay dominiert, das sicherlich die Kinderfantasien genauso anregt wie die Samson.

Auto aus lokaler Produktion

Ein anderes Thema ist der Kohlebergbau in der Region. Die Besucher sehen das Modell eines realen Stollens, in dem die Bergleute liegend die Steinkohle abbauten. Es wird gezeigt, wie gefährlich der Bergbau auch in Nova Scotia war, am Beispiel des Unglücks, das die Foord Pit 1880 ereilte, als 50 Bergleute starben. Bei einem späteren Grubenunglück kamen nochmals 88 Bergleute ums Leben. Viel Aufmerksamkeit wird dem lokalen Handwerk gewidmet, wie es heute kaum noch betrieben wird: Böttcher, Schmiede, Handdruckerei oder auch heute eher selten ausgeübten Berufen wie Schreibkraft, Hausangestellte und einfacher Arbeiter auf einer Farm oder in einem Handwerksbetrieb. Es wird aber auch an ehemals in Nova Scotia tätige größere Unternehmen erinnert, die hier einst zahlreiche Produkte lokal herstellten wie etwa Volvo, in dessen Werken in Dartmouth und Halifax noch bis 1998 Pkw gefertigt wurden.

Historische Handdruckerei

Für die Kinder dürfte eine große Modelleisenbahnanlage von besonderem Interesse sein. Es gibt noch eine zweite gleich im Eingangsbereich – und für die ganz Kleinen sogar eine begehbare hölzerne Bahn, die daran erinnert, dass Bahnfahren hierzulande leider nicht nur für Kinder zum raren Erlebnis geworden ist. Der öffentliche Nahverkehr fristet – außer in Halifax – in Nova Scotia ein trauriges Dasein; hier scheint für viele ein Leben ohne Auto und Flugzeug völlig undenkbar.

Natürlich hat das Museum einen Souvenirshop, der entsprechend dem Thema durchaus auch Ungewöhnliches zu bieten hat.

Sammlung von Grubenlampen

INFO

Lage: Stellarton liegt im Nordosten des Festlands von Nova Scotia 58 Kilometer westlich von Antigonish und 58 Kilometer östlich von Truro; Museum: 147 North Foord Street, Stellarton

Anfahrt: Vom Highway 104 fährt man am Exit 24 in Richtung Süd auf Route 374 und biegt sofort nach dem Kreisverkehr wieder nach links ab zum Museum.

Öffnungszeiten: ganzjährig Mo-Fr 9-17 Uhr, im Sommer Mo-So

Eintritt: 8,90 CAD, Kinder 3,90 CAD

Website: *museumofindustry.novascotia.ca*

Unterkünfte:

- Tara Inn, nur zwei Kilometer entfernt in der Schwesternstadt New Glasgow, *taramotel.com*
- diverse Hotelketten in Stellarton

Camping: Seafoam Campground, River John, *seafoamcampground.com*

59. Der Victoria Park in Truro

Truro ist eine Stadt, die man erst bei genauerem Hinsehen mögen wird. Dabei gibt es viel Interessantes zu entdecken, wenn man den Highway verlässt und sich auf die Suche begibt.

Truro wurde 1761 von Engländern gegründet, die das Land von vertriebenen Akadiern übernommen hatten. Allerdings waren auch diese Siedler nur von den hier seit mehreren Tausend Jahren lebenden Mi'kmaq toleriert worden. Aufgrund der günstigen Lage zwischen Halifax und anderen Teilen von Nova Scotia entwickelte sich Truro dynamisch. Es wurde von dem auf PEI aufgewachsenen Autor John MacGregor in seinem 1832 erschienen Buch „British America" sogar als das schönste Dorf von Nova Scotia bezeichnet. Leider ist davon heute außerhalb des Zentrums wenig zu sehen. Allerdings hat Truro einen der schönsten innerstädtischen Naturparks in den maritimen Provinzen. Seine Einrichtung ist einer privaten Stiftung von zehn Hektar im Jahr 1887 zu verdanken.

Heute ist der Park durch weitere Schenkungen auf 1200 Hektar angewachsen. Seine Schönheit verdankt er der besonderen Lage, die von einer tiefen Schlucht mit einem sich windenden Bach oder Flüsschen, dem Lepper Brook, bestimmt wird. Der Bach fließt über einige Stufen im Fels, wo sich kleinere, aber dennoch imposante Wasserfälle bilden. Die steilen Talseiten sind mit Thujen, Fichten, Lärchen und sogar mit einem großen Bestand alter Hemlocktannen bewachsen. Diese Baumart ist inzwischen in Nova Scotia sehr rar geworden, da die Provinzregierung noch immer intensiven Holzeinschlag unterstützt.

Bühne im Victoria Park

Im unteren Teil bieten weitläufige Wiesen genügend Platz zum Sonnenbaden, Schwimmen, Ballspielen oder Picknick. Eine Freilichtbühne wird für Konzerte genutzt; es gibt einen Tennisplatz und auch einen Spielplatz mit allerlei Schaukeln und Klettergeräten für die Kinder.

Pavillon für kleine Ruhepausen

Selbst Weißwedelhirsche genießen das frische Grün im Park und haben wenig Angst vor den Menschen. Je nach Lust, Laune und Zeit kann man hier mehrere Stunden

Seltene Hemlocktannen

verbringen. Der zentrale, stadtnahe Teil ist natürlich gut besucht, aber auf den etwas weiter weg führenden Wanderwegen ist man doch der Natur ziemlich nah. Hier wandelt sich der Stadtpark zum Landschaftspark. Er ist von einem weiten Netz von Wanderwegen durchzogen, die zum Teil auch von Radfahrern genutzt werden können. Steile Holztreppen führen zu den höheren Lagen im Wald. Eine von ihnen – mit dem biblischen Namen Jakobsleiter – führt über 175 Stufen: zwar nicht in den Himmel, aber trotzdem ziemlich hoch hinaus. Eine echte Herausforderung für etwas ungeübte Wanderer!

Nur einige Kilometer weiter ist auf dem Gelände des Dalhousie Agricultural Campus, einer Außenstelle der Dalhousie University von Halifax, die vermutlich größte Ansammlung von Stücken der Berliner Mauer in Kanada zu sehen.

Über die Jakobsleiter weit nach oben

Reste der Berliner Mauer

INFO

Lage: Truro liegt im zentralen Nova Scotia etwa 95 Kilometer nördlich von Halifax am Highway 102; Victoria Park, 29 Park Road

Anfahrt: Vom Highway 104 über Route 4 zur Main Street und Esplanade Street, von dort über Young Street und Brunswick Street zur Park Road; alternativ vom Highway 102 über Route 2 zur Arthur Street und Esplanade Street, weiter wie oben

Eintritt: Frei

Hinweis: Teile der Berliner Mauer im Stadtteil Bible Hill, Adresse: Cobequid Trail, Dalhousie Agricultural Campus

Unterkünfte:

- Abide Within B&B, direkt am Park, *abidewithinbnb.ca*
- diverse Hotelketten in Truro

Camping: Scotia Pine Campground, zehn Kilometer südlich am Highway 2, Hilden, *scotiapine.ca*

60. Hemlock Ravine Park in Bedford

Mitten in Halifax liegt am Bedford Basin ein 80 Hektar großer, unerwartet naturnaher Park, der einen vergessen lässt, dass man sich in einer Großstadt befindet.

Rotunde am Bedford Basin

Der Ursprung des Parks ist ein Landbesitz des einstigen Lieutenant Governors von Nova Scotia, John Wentworth. Dieses Grundstück hatte er Prinz William, dem Sohn des britischen Königs Georg III., der sich von 1794 bis 1800 in Halifax aufhielt, für den Bau einer Residenz zur Verfügung gestellt. Dem Prinzen – und vor allem seiner langjährigen Geliebten Julie Saint-Laurent – soll das Leben im geschäftigen und lauten Halifax zu unruhig gewesen sein. Er nutzte seine royalen finanziellen Möglichkeiten und ließ sich am Bedford Basin ein komfortables Landhaus mit Flachdach im italienischen Stil bauen, das als Prince's Lodge bekannt wurde. Die umliegende Landschaft wurde in einen englischen Park, den heutigen Hemlock Ravine Park, umgewandelt. Prinz William ließ Wege in der Form des Vornamens seiner Geliebten anlegen. Ein mit Steinen eingefasster künstlicher Teich – Julie's Pond – in Form eines Herzens kündigt bis heute von seiner großen Liebe. Von der Prince's Lodge ist außer dem Park mit dem Teich nur noch die Rotunde erhalten, ein kleiner weißer Rundbau direkt am Ufer des Bedford Basin, den man damals als Konzertraum nutzte.

Obwohl der Park ein bei den Stadtbewohnern beliebter Naturpark ist, verteilen sich die Besucher auf den weitläufigen Wegen, die in den naturbelassenen Wald führen, der von einer tiefen Schlucht (Ravine) durchzogen ist. Die Trails sind zwischen 150 Metern und knapp einem Kilometer lang und miteinander so vernetzt, dass man durchaus mehrere Kilometer wandern kann. Damit sind auch einige Anstiege auf die Höhen der Schlucht verbunden. Verlaufen kann man sich dabei nicht, denn alle Wegkreuzungen sind gut ausgeschildert und mit Lageplänen versehen. Überraschend schnell verschwindet der Lärm der stark befahrenen Straßen um das Bedford Basin, und man kann sich ganz auf die Stille, die Natur und ihre Geräusche einlassen. Glücklicherweise haben viele der über 300 Jahre alten und bis zu 25 Meter hohen Bäume, darunter nicht nur Hemlocktannen, sondern auch Gelbbirken, Rotfichten, Buchen und Ahornbäume, die Zeiten und auch einige kräftige Stürme überlebt, wie etwa den Hurrikan Juan von 2003, der gerade im Großraum Halifax immense Schäden angerichtet hatte.

Für großstadtmüde Besucher von Halifax ist der Park ein idealer Rückzugsort vom Trubel und Lärm der City, besonders an heißen Tagen, denn große Teile der Wege liegen im Schatten. Zur buchstäblichen Augenweide wird er Ende September und in der ersten Oktoberhälfte, wenn die Laubfärbung einsetzt. Gern wird der Park von Hundebesitzern aufgesucht, da sie ihre Lieblinge in einem speziell gekennzeichneten Teil des Parks, dem Governor Loop, zweimal täglich für zwei bzw. drei Stunden ohne Leine laufen lassen dürfen.

INFO

Lage: Der Hemlock Ravine Park liegt in Halifax westlich des inneren Hafenteils Bedford Basin nördlich vom Zentrum.

Anfahrt: Auf dem Bedford Highway (Route 2) bis zur Rotunda, gegenüber dieser biegt man in die Kent Avenue ein.

Unterkünfte:

- Comfort Inn, 500 Meter entfernt, 560 Bedford Highway, *choicehotels.com/de-de/nova-scotia/halifax/comfort-inn-hotels/cn207*
- zahlreiche andere Hotels Downtown und in Dartmouth

Camping: Shubie Park Campground, Dartmouth, *shubiecampground.com*

Hinweis: Der Parkplatz am Haupteingang in der Kent Avenue ist der einzige. Andere Eingänge zum Park liegen in Wohngebieten, dort allerdings sind die Parkmöglichkeiten eingeschränkt. Tipp: Ausweichen auf den Bus: Halifax Transit, Linien 80, 81, 82 oder 90 bis Kent Avenue am Bedford Highway

Register

Q

R

S

T

V

W

Bildnachweis:
Alle Bilder von Wolfgang Opel, außer: A. Conrad S. 242, 244, 245 | Dennis Jarvis cc 2.0: S. 254, 256/257 | Highlandvillage cc 3.0 S. 253 | JJ Harrison cc 3.0 S. 147u | Maps4news S. 8, 9, 13, 37, 121, 205, 249 | Mechtild Opel S. 39, 43, 46, 50, 51, 52, 54, 63, 67u, 72o, 74o, 75o, 79u, 80, 89, 91o, 104o, 108o, 111u, 128, 130, 140u, 143, 147o, 151, 152u, 156o, 156u, 160, 161, 165, 170, 173, 194o, 199u, 200 | Newfoundland & Labrador Tourism/Barrett and MacKay Cover (Tilting) | Paul cc 2.0 S. 250 | Public domain S. 29o, 60u, 76u, 84, 162, 214, 216 | Richard Martin cc 2.0: S. 251, 252

Hinweis für die Leser:
In den Monaten vor der Veröffentlichung dieses Buchs mussten Lokale und Besucherattraktionen immer wieder aufgrund der Corona-Pandemie ihre Öffnungszeiten einschränken oder zeitweise komplett schließen. Die in diesem Band angegeben Öffnungszeiten wurden gewissenhaft nach dem letzten bekannten Stand recherchiert – mit weiteren Änderungen ist jedoch nach der Pandemie zu rechnen, weshalb wir Lesern empfehlen, während des Aufenthalts in den Atlantik-Provinzen die Öffnungszeiten anhand der hier aufgeführten Internetseiten selbst zu überprüfen.